국민은
청와대 이전을
반대한다!

국민은
청와대 이전을
반대한다!

전 민 정 지음

청와대는 대한민국 정통성의 상징이고
대통령의 소재지는 핵심적인 헌법사항으로
개헌절차 없는 이전은 위헌입니다.

오색필통

| 서문 |

　　청와대 이전 반대 국민주권운동모임은 2022년 4월 8일 금요일 19시경 헌법재판소에 청와대 이전 반대 헌법소원심판청구서를 접수하였다. 윤석열 대통령 당선인 측이 청와대를 해체하고 용산으로 대통령 소재지를 이전하는 계획(권력적 사실행위)을 매우 빠르게 추진하는 상황이어서 대통령 소재지 이전 및 청와대 해체 금지가처분 신청서도 함께 제출하였다. 청와대가 대한민국 대통령의 소재지라는 사실은 관습헌법이며 대통령 소재지 이전은 국가 중대사로 국민적 동의가 필요한 헌법사항이다. 윤석열 대통령 당선인은 국가 중대사를 개헌절차에서 요구되는 국민투표를 거치지 아니한 채 독단으로 결정 강행하고 있어서 이는 명백히 헌법 제130조 국민투표권 침해에 해당한다. 국민적 합의 없이 대통령 소재지를 변경할 수 있다면 5년마다 대통령 소재지가 이전될 수 있는 불행한 사태가 벌어질 수 있다. 헌법재판소는 윤석열 대통령 당선인의 무모한 계획 결행과 이에 동조한 문재인 정부의 예비비 승인 등 국민의 동의를 구하지 않고 행해지는 반헌법적 행태를 신속하게 통제할 필요가 있다.

　　청와대 이전 문제로 윤석열 정부가 시작도 하기 전에 좌초되는 불행한 사태가 있어서는 안 된다. 정권교체를 열망하던 국민들조차 윤석열 정부의 원칙 없는 국정운영을 보고 적지 않게 실망하고 있다. 반헌법적 자기모순을 안고 법과 원칙을 강조하면 부메랑을 맞게 되지 않을지 장담할 수 없다. 청와대 이전 반대는 단순한 진영논리가 아니다. 2022년 4월 14일 현재 청와대 이전 반대 청원에 116만여 명이 동의하고 있다. 좌우를 떠나 이전을 반대하고 있는 보수논객, 진보학자, 안보전문가, 언론인, 신앙인, 일반시민, 원로 분들을 포함해 다양한 계층에서 목소리를 내고 있기 때문이다. 안보에는 여야가 따로 없듯이 청와대 이전을 반대하는 국민들도 여야를 막론하고 많이 있다. 반대 이유도 역사, 정치, 헌법, 경제, 안보 등 여러 분야를 넘나들며 타당성이 차고 넘친다.

청와대 이전은 국민주권을 침해한다. '대통령 소재지는 청와대'라는 너무나도 자명한 사실을 2004년 우리 헌법재판소에서는 관습헌법이라고 정리하여 준 바가 있다. 윤석열 당선인에게 관습헌법이라는 인식이 과연 있는지 의구심이 든다. 국민의 마음속에 오랫동안 자리잡아 온 중요한 헌법사항을 5년 임기 일꾼이 주인의 허락도 없이 처분하는 일은 월권이다. 만약 이런 국가 중대사가 헌법사항이 아니라거나 주권자에게 묻지 않고 결정될 수 있다면 과연 우리나라가 국민주권국가인지 묻지 않을 수 없다. 윤석열 당선인은 더 늦기 전에 경험 부족이려니 이해하고 넘어갈 수 있을 때 이 문제에서 신속히 발을 빼야 현명하다. 인간은 누구나 부족하여 실수할 수 있으며 이를 진솔하게 인정하고 돌이킬 때 오히려 인간적인 면모에 신뢰를 보낼 수 있다. 그리고 윤석열 당선인의 청와대 졸속 이전을 맹목적으로 지지하는 사람들은 이 책을 읽어 내려가면서 무엇이 잘못되었는지를 하나하나 깨닫게 되었으면 하는 바람이다. 이전 찬성을 하던 사람들도 이 책의 내용을 설명해주면 생각이 바뀌는 경우를 많이 보았기 때문에 이 책 한 권이면 왜곡된 관념을 디톡스해 줄 것이라고 믿어 의심치 않는다. 여야가 대립하면서 이겨야 한다는 자존심 문제가 걸려있겠지만 경기는 헌법이라는 틀 안에서 해야 하며 헌법의 틀을 벗어나서 승리한들 진정한 승리라고 할 수 없다. 진정한 승리는 섬기는 자가 얻는다.

너무 급하게 책을 만들다 보니 헌법재판소 결정문 등 출처를 미처 밝히지 못한 부분이 있음에 양해를 구한다. 청와대 이전 사태가 있을 것을 대비한 것은 아니었겠지만 과거 신행정수도특별법 위헌확인 결정에서 수도 서울 이전은 위헌임을 이끌어낸 헌법재판소 재판관들의 역사인식과 법리로 표현해 놓은 관습헌법에 대한 심오한 통찰력에 경의를 표하며 이 책에서는 당시 헌법재판소 결정문 요약 내용을 소개한다. 청와대 이전 움직임에 대한 국민의 반대 여론을 받들어 김기수 변호사는 법리적으로 헌법소원심판 청구서를 작성하여 완성도를 높여 주었다. 청와대 청원문은 전체 내용을 싣지 못하여 아쉽지만 제목과 청원기간을 발췌하여 정리하였으므로 청원 내용은 청와대 홈페이지에서 확인할 수 있다. 헌법소원의 증거자료로 제출된 청와대 청원 내용은 많은 국민이 다양한 관점에서 청와대 이전의 부당성을 조명하여 주고 있다. 청와대 이전을 반대하는 전문가들의 의견을 일부 모아 부록에서 소개하였다. 더 많은 전문가와 일반 국민의 울림있는 주장들까지 이 책에 담으려고 하였으나 지면과 시간적 제약으로 그렇게 하지 못하여 아쉬움이 남는다. 기회가 된다면 청와대를 중심으로 헌법가치 실현에 대한 더 깊이 있는 내용을 다뤄보고 싶다. 이 책을 쓴 목적은 첫째, 국민을 계몽하기 위함이고 둘째, 윤석열 당선인 측이 청와대 이전 계획을 철회함으로써 국가에 헌신하고 국민에게 봉사하는 본연의 업무에 충실해 주기를 촉구하기 위함이며 셋째, 헌법재판소에 국민의 여망을 전달하여 국민주권을 실현하는 역사적인 결정을 다시 한 번 구하기 위함이다. 이 책이 헌법재판소에 제출한 소장을 보완하는 귀중한 자료가 될 수 있기를 기대하고, 자랑스러운 우리의 청와대를 부정적인 유물로 전락시켜 대한민국의 역사적 정통성에 흠이 될 사건을 차단하는데 기여할 것으로 확신한다. 위헌 위법한 청와대 이전은 반드시 백지화되어야 한다.

끝으로 청와대 이전 반대 헌법소원에 기꺼이 청구인으로 동참해 주신 분들께 깊이 감사드리며, 우리의 헌법소원을 청구한 후 다른 헌법소원이 또한 청구되었음을 알게 되었다. 이번 청와대 졸속 이전 강행으로 분노하며 상심하고 계신 국민 여러분께 위로와 희망의 소식이 되었으면 한다.

| 목 차 |

서문

제1장
돌아오라 대한민국

01 좌파에서 우파로 14
02 이승만 대통령에 대해 알게 되다 16
03 뿌리를 잃어버린 대한민국의 체제위기 19
04 윤석열 검찰을 엄호하다 20
05 윤석열 정부는 헌법정신을 잃고 있다 21
06 헌법이 지배하는 사회를 꿈꾸며 24
07 국민의 종류 들여다보기 26
08 이제 하나된 국민 속으로 28

제2장
대한민국의 심장 청와대

01 청와대는 대한민국의 정통성이 흐르는 곳 34
02 청와대의 전신 경무대 40
03 헌법상 대통령 소재지의 중요성 42
04 청와대가 대통령의 소재지인 점은 관습헌법이다 ... 47
05 청와대는 대통령제의 상징 50
06 원로들을 찾아가다 52

제3장
청와대를 지키자

01 나는 왜 청와대 이전을 반대하는 것일까? 56
02 헌법소원 소장을 작성하다 59
03 광화문 광장 시즌2를 막아야 60
04 대통령직 인수에 관한 법률 위반 62
05 용산으로 가면 소통이 잘될까? 63
06 민주적 정당성 결여 67
07 여론조사 결과는 이전 반대가 많음 69
08 터가 안좋다? 비선실세? 간첩과 도청? 70
09 신행정수도특별법 위헌 사례 참고하기 72
10 절차적 정당성 결여 75
11 국민투표권 침해 77
12 윤석열 당선인의 기본권보장의무 79
13 통치행위도 사법심사 대상 80
14 청와대 이전 계획을 반대하는 10가지 이유 81
15 글을 마무리하면서 83

목차

제4장
헌법소원심판청구서

청구인 ··· 88

청구취지 ·· 89

침해의 원인 ··· 89

침해된 헌법원리 ·· 89

침해된 기본권 ·· 90

청구이유 ·· 90

  1. 청구인적격 및 위헌심판청구대상

  2. 국민주권의 원리를 훼손하고 청구인들의 국민투표권을 침해

  3. 행복추구권 침해 / 4. 재산권 침해 / 5. 청원권 침해

  6. 평등권 침해 / 7. 민주적 선거제도를 훼손하고 선거권 침해

  8. 헌법에 명시적으로 열거되지 않은 국민의 기본권을 침해

  9. 직업공무원제도와 국민의 공무담임권, 공무원의 직업수행의 자유를 침해

  10. 대통령의 헌법상 책무를 위반

  11. 기본권 침해의 자기관련성·직접성·현재성

  12. 결론

제5장
청와대 이전 등 금지가처분신청서 156

제6장
증거서류

1. 증 제1호증 헌법재판소 2004. 10. 21. 2004헌마554 결정 164
1. 증 제2호증 청와대 국민청원 집계표 1부. 177
1. 증 제3호증 청와대 국민청원 내용 1부. 181
1. 증 제4호증 189
   [리얼미터] 청와대 용산 이전 여론조사 (2022. 3. 24.)
   이전 찬성 44.6%, 반대 53.7%

1. 증 제5호증 190
   [미디어토마토] 청와대 용산 이전 여론조사 (2022. 3. 22.)
   이전 찬성 33.1%, 반대 58.1%

1. 증 제6호증 191
   [인터넷] 청와대를 용산 국방부 청사로 이전 여론조사 (2022. 3. 21.)
   이전 찬성 42.6%, 반대 57%

1. 증 제7호증 194
   한겨레 (2022. 3. 20.) 김종대, '용산 시대' 말하는 권력의 자아도취

목차

1. 증 제8호증 ·· 194
   국민일보 (2022. 3. 19.)
   尹. 집무실 후보지 답사…"국민 한 분 한 분 의견 소중히"

1. 증 제9호증 ·· 194
   한국경제 (2022. 3. 20.)
   尹. 대통령 집무실 용산 이전 공식화…"국가 미래 위한 결단"

1. 증 제10호증 ·· 195
   "국민은 청와대 이전을 반대합니다" 의견서 1부.

부록
청와대 이전에 관한 전문가 견해

01 보수논객 조갑제 _ 청와대는 "천하제일복지(天下第一福地)" ······ 202

02 역대 합참의장 11명의 전문가 의견 _ 역대 합참의장 11명
   靑이전 반대…"섣부른 이전은 안보 패착" ······························ 205

03 김종대 연세대 통일연구원 객원교수 _ '용산시대' 말하는
   권력의 자아도취 ·· 213

제1장

돌아오라 대한민국

조선은
왕조의 정통성을 확립하기 위해서
경복궁의 건물 이름에 통치 이념을 반영하였습니다.

부지런히 정사를 살피라는 근정전(勤政殿),
깊이 생각해서 선정을 베풀어야 한다는 사정전(思政殿),
그 결과 임금의 큰 덕이 온 나라를 비추게 된다는 광화문(光化門)
이와 같이 조선의 이념을 건물에 담고 있습니다.

경복궁은 조선의 이상을 담은 법궁이었습니다.
경복궁을 이은 것이 바로 청와대입니다.

제1장

돌아오라 대한민국

01 좌파에서 우파로

나는 여느 평범한 대한민국 국민과 마찬가지로 나라를 사랑하는 마음을 지니고 있다. 학창시절에는 민주화 운동권 학생으로서 활동을 하기도 하였다. 대학 때 주사파 교육까지 받아 본 경험이 있었으나 깊이 빠질수록 이것은 아니구나 깨닫고 몇 개월만에 빠져나올 수가 있었다. 미국 유학시절에 하나님을 만나지 않았더라면 종북 주사파 서적들이 아직도 집에 남아 있을지 모른다. 학창시절 공산주의자들인 미전향장기수들 숙소를 방문해 돕는 봉사활동을 1년간 하기도 하였는데, 이는 순수한 인간적인 연민에서였다. 지금 그분들을 다시 만날 수 있다면 무엇보다 복음을 전하고 싶다. 당시는 내게 그런 믿음이 없어서 그분들에게 진리를 알려줄 수 없었다는 것이 너무 아쉽다.

이러한 과거 전력이 있던 내가 지금은 프리덤칼리지장학회와 제주4·3사건재정립시민연대 두 단체의 대표를 맡고 있다. 우리 단체 회원들은 청와대 이전에 찬반 의견이 나뉘기 때문에 청와대 이전 반대 활동은 개인 자격으로 하고 있다. 좌파였던 내가 우파 활동을 하게 된 계기는 남편 때문이었다. 탄핵 이후 남편이 나라가 좌경화되는 것이 불안하다며 태극기집회 관련 유튜브 동영상을 자주 보았다. 남편이 편협한 사람이라는 오해를 받을 것 같아 유튜브를 시청하지 못하도록 평소에 단속을 심하게 하였었다. 하루는 광화문 집회를 다녀온 남편이 가족 단위로 집회 참석한 남들 모습이 부러웠던지 "우리 가족도 태극기집회에 함께 참석할 수 있도록 도와 주십시오." 라고 광장에서 소원 기도를 드릴 때 눈물이 쏟아졌다는 말을 들으면서 왠지 감동이 되어 2019년 3·1절 날 남편을 따라 태극기 집회에 처음 참석해 보았다. 우려했던 편협한 사람들의 모임은 아니었고 나라를 순수하게 염려하는 엘리트 어르신들도 많이 보였다. 이런 애국자 분들이 만든 시민단체 프리덤칼리지장학회에서 역사교육을 배우면서 나라를 보는 안목이 열리기 시작했다. 2019년 6월부터 시민단체 사무총장으로 애국활동을 시작하게 되었다. 자유대한민국의 역사와 헌법을 수호하기 위한 활동을 한다는 목표를 세웠다.

02 이승만 대통령에 대해 알게 되다

시민단체 활동을 하면서 역사 공부를 통해 건국대통령에 대해 처음 알게 되었다. 내게는 할아버지 대통령으로 기억되지만, 그분에 대해 어디서도 제대로 배운 적은 없었던 것 같다. 이승만 대통령하면 4·19만 떠오를 뿐이었다. 그런데 2019년 3월 중순 역사탐방으로 인천상륙작전 박물관을 다녀오게 되었는데, 돌아오는 길에 탐방팀의 한 분이 건국대통령께서 하와이로 망명하신 것이 아니라 못돌아오셨다는 이야기를 들려주셨다. 처음 듣는 이야기였다. 더군다나 박정희 대통령께서 못돌아오게 막으셨다는 것과 박대통령의 18년 재임기간 동안 건국대통령의 명예를 회복시키지도 않았고 오히려 김구 선생을 민족의 지도자로 내세워 구심점으로 만들었다는 것이다. 뜻밖의 이야기가 너무 놀라웠다. 그런 내막을 전혀 모르고 있었던 나는 정말일까 궁금해서 사실을 확인해보고자 했다. 그때 읽게 된 책이 '우리의 건국대통령은 이렇게 죽어갔다'[1]였다. 1960년 5월 29일 85세에 하와이로 휴양차 떠나신 이승만 대통령

---

1) '우리의 건국대통령은 이렇게 죽어갔다' 이동욱 저, 기파랑, 2019

은 1962년 3월 17일 마지막 귀국 시도가 좌절된 이후 투병생활 끝에 1965년 7월 19일 세상을 떠나셨다. 하와이에 계신 5년여 동안 국가는 아무런 지원을 하지 않았다고 한다.

나는 진실을 알고 싶은 마음에 이승만 대통령의 아드님 내외분이 계신 이화장을 방문하였다. 박정희 대통령은 국립묘지에 묘자리도 허락하지 않으려 했으며, 단 한 번도 건국대통령의 묘소에 참배하지 않았다는 기막힌 사실을 듣고 마음이 무너짐을 느꼈다. 하와이에서 동포들의 도움으로 근근히 생활하셨고 고철을 주워 모으시며 귀국할 여비를 만드시겠다던 이승만 대통령의 고국에 대한 한없는 그리움을 깨닫게 되었을 때, 나는 쏟아지는 눈물을 주체할 수 없었다. 아 이럴수가! 우리는 아버지를 버린 자식이었구나…. 건국의 아버지를 모르니 자신이 이승만의 자식인지도 모르고 주사파가 되어 김일성의 자식 노릇하는 사람들이 이렇게 많구나. 그런 이유로 나라가 망하게 되었구나. 한 집안에는 아버지가 계시듯, 한 나라에도 건국의 아버지가 계신다. 가정에서 아버지가 설령 잘못하신 일이 있더라도, 천륜을 저버린 아버지가 아니라면, 아버지를 버리는 자식이 있겠는가? 우리는 무지한 가운데 망령된 자식들이 되어 있었다.

하나님께서 인간사회에 주신 첫 계명은 '네 부모를 공경하라!

그리하면 땅에서 복을 누리리라!'는 말씀이다. 무슨 이유에서인지 이승만 대통령을 철저히 외면했던 사실은 박정희 대통령의 모든 훌륭한 업적으로도 덮을 수 없는 과오를 범했다고 생각한다. 박정희 대통령은 남로당 활동으로 체포되어 사형에 처해질 위기에서 사면을 받았으니 이승만 대통령은 생명의 은인이기도 하셨다. 건국대통령의 정치적 후계자인 박정희 대통령이 전임자에 대한 존중과 예우를 하지 않았던 것이 청와대에 이어지는 불행의 시작이었다고 생각한다. 5·16은 혁명적인 사건이었으나, 혁명이 아니라 정권교체였다. 2000년대 전후로 70여 개의 여론조사에서 대한민국 국민이 가장 존경하는 자랑스러운 대통령은 단연코 박정희 대통령으로 70~80% 이상의 높은 지지율로 1위였으며, 김대중, 노무현 대통령보다도 인정을 받지 못한 이승만 대통령은 1~3% 정도의 지지를 받았다. 그러나 이승만 대통령에 대해서 공부를 하면 할수록 여론조사 결과가 보여주는 건국대통령의 위상은 지나치게 왜곡되어 있다는 걸 알게 된다. 너무도 공정하지 않다.

03 뿌리를 잃어버린 대한민국의 체제위기

　이승만 건국대통령은 92%[2]의 득표로 73세에 초대 대통령이 되셨고, 국회 속기록을 보면 제헌국회를 시작할 때, 이승만 대통령과 모든 국회의원들은 기립하여 하나님께 우리나라를 위해 기도하며 시작하셨다. 미국에 계시면서 고국에 3·1운동을 지시하셨고, 임시정부의 초대 대통령으로 독립운동을 하셨다. 해방 이후 스탈린의 한반도 공산화전략에 맞서 자유대한민국이라는 건국혁명을 이루셨다. 공산주의와의 전면전인 6·25전쟁을 막아내고 한미동맹을 이끌어내 70여 년간의 기적적인 경제성장의 기반을 만들어주신 이승만 대통령! 4·19가 일어났을 때도 대통령 선거에서는 이승만 단독 출마였기에 부통령 선거에서 부정이 있었다는 사실을 뒤늦게 확인하시고 자진 하야를 택하신 이승만 대통령에 대해 지금의 많은 국민들은 잘 알지 못한다. 85세의 고령의 건국대통령께서 측근에 사람을 잘못 두어 4·19가 일어난 것이다. 격동의 세월 하나님의 손에 이끌려 열강의 지도자들을 압도하며 일평생 독립을 위해 헌신하셨고, 자유대한민국을 건국하셨으며, 6·25 전쟁을 막아낸 호국대통령 이승만 대통령은 좌파의 집요한 역사왜곡과 우파의 외면 그리고 무관심으로 지금까지 독재자의 오명을 쓰고 있다.

---

2) 중앙선거관리위원회, 제1대 대통령 선거 결과 이승만 91.84%, 김구 6.63%

오랜 세월이 지나 박정희 대통령의 정치적 직계 후계자인 박근혜 대통령은 초유의 탄핵의 고통을 겪게 된다. 나는 탄핵 당시 그럴만한 충분한 이유가 있을 것이라 생각했다. 그러나 5년 여간 교정시설에 유배되는 가혹한 세월이 지나고 보니 박근혜 대통령은 억울한 옥살이를 하신 부분이 있다고 생각된다. 탄핵 사태 이후, 문재인 정권 5년 동안 좌경화되어가는 나라 걱정에 수많은 시민들은 풍찬노숙하는 심정으로 태극기를 들고 거리에 나섰고, 박근혜 대통령의 탄핵당한 아픔을 같이 했다. 왜 이런 시련을 겪게 되었나? 하나님께서 건국의 뿌리를 잃어버린 대한민국 국민에게 묻고 계신다고 생각한다. '너희들의 아버지는 어디에 있느냐?' 하와이에 5년 여간 억울하게 유배당하신 이승만 대통령의 명예를 이제는 감사의 마음과 함께 온전히 회복시켜드려야 한다. 사람이 무엇으로 심든지 심은 대로 거둔다.

04 윤석열 검찰을 엄호하다

윤석열 검찰이 정권의 불법을 수사하려고 할 때 서초동 검찰청 앞에서 검찰개혁, 조국 수호를 외치며 검찰을 압박하는 촛불집회가 주말마다 열렸다. 그때 나는 검찰을 응원하기 위하여 서초동에 정의와 진실의 함성을 남긴 맞불집회에 참석했다. 윤석열 검찰을 지키고 응원하려고 자유연대와 함께 무대 위에서 구호를 외치며 성명서를 낭독했다. 숫적으로는 열세였지만 조국 구속, 문재인 탄핵을 외치며 담대함과 단합으로 만들어낸 서초대첩의 승리의 함성은 지금도 잊지 못한다. 윤석열 당선인도 당시 상황을 지켜보면서 공정과 상식을 위해 일할 수 있는 용기를 더 얻지 않았을까 싶다. 검찰청 앞에서의 명분있는 시민전쟁은 역사에 길이 남을 광화문 10월 항쟁으로 이어져 그 불씨가 정권교체의 새로운 판을 만들었다고 생각한다. 윤석열 당시 검찰총장이 촛불에 둘러싸여 있을 때 조금이라도 도움이 될까 싶어 성명서 여러 장을 윤석열 총장에게 민원형식으로 접수하기도 하였다. 이렇게 보이지 않게 노력한 시민들의 활동과 항쟁의 결과는 살아있는 권력에 메스를 댄 윤석열 검찰총장을 마침내 대선주자로 불러냈다.

05 윤석열 정부는 헌법정신을 잃고 있다

윤석열 대통령 당선인은 평소 자유민주주의 헌법정신을 강조해 왔다. 그래서 국민들은 윤석열 후보에게 더 열광했는지 모르겠다. 그러나 막상 당선인이 되고 난 이후부터 그의 행보는 기대와는 다르게 헌법정신을 잘 모르는 것이 아닌가 하는 실망을 주고 있다. 대표적인 것이 청와대 이전 문제이다. "절대권력의 상징 청와대를 국민에게 돌려주겠다" "단 하루도 들어가지 않겠다" "5월 10일 한 톨도 남김없이 없애고 개방하겠다"는 윤석열 당선인은 누구의 말도 듣지 않겠다는 단호함을 보였다. 그런 특이한 언행을 잘한다고 지지하는 사람들도 있겠지만, 역사를 잘모르는 까닭에 역대 대통령들의 위업을 이어받겠다는 겸손함이 없이 역대 대통령들에 대한 존중과 예우도 없이 절대권력의 독재자들로 왜곡하고 아예 청와대를 해체하겠다는 모습에 큰 충격을 받았고 또 다른 불행의 씨앗을 심는구나 싶어 이런 극단적인 권력행사는 막아야겠다는 결심을 했다. **대한민국과 청와대의 불행의 시작은 건국대통령을 저버린 냉정함과 마땅히 존경할 분을 존경하지 않은 어리석음 때문이었다. 윤 당선인은 이런 불행의 역사를 되풀이해서는 안 된다.**

권력자는 국민의 권리를 확인하고 보장해야 할 의무가 있다. 그러나 윤석열 당선인은 이러한 의무를 지키지 않았다. 아니 그가 늘 강조해왔던 공정과 상식에 정면으로 반하는 결정과 행동을 보여주고 있다. 나는 윤석열 정부가 지난 수년간 파괴되어 온 법치주의, 대한민국 정체성, 공정과 상식을 회복하는 일에 전념해서 성공한 정부가 되기를 진심으로 바란다. 그러나 당선하자마자 헌법정신을 도외시하고 질주하는 독단의 정치를 심히 우려하지 않을 수 없게 되었다. 윤석열 당선인 주변에 쓴소리를 해주는 사람이 전혀 보이지 않는다. 마침 인수위원회에서 발표하기를 청와대 이전에 대한 '국민 한 분 한 분의 의견을 소중히 듣겠다'는 2022년 3월 19일 토요일 오후의 언론보도를 접하고 청와대 이전 반대 의견서를 작성하여 그날 저녁 무렵에 인수위원회를 방문하였다. 그러나 정문에서부터 주권자 국민은 문전 박대를 당했다. 국민과 소통하겠다던 공약, 한 분 한 분의 의견을 소중히 듣겠다던 보도와는 너무도 차이가 있었다. 인수위 입구 경비실 경찰관에게 작성해 간 청와대 이전 반대 의견서를 관계자 분들에게 꼭 전달해달라고 간곡히 부탁을 하고 발걸음을 돌려야 했다. 씁쓸했다.

윤석열 정부가 국민을 위한다고? 인수위는 국민이 방문 시 친절히 맞이할 준비와 자세가 되어 있지 않았다. 국민 절반 이상이 청와대 이전을 반대하는 목소리가 윤석열 당선인의 귀에는 들리지 않는 것인가? 아니면 들으려 하지 않는 것인가? 일방적인 소통과 공약으로 국민을 대하고 있다고 느껴지면서 섬뜩한 생각이 들었다. 이런 인성과 고집으로 질주하다보면 국민에게 더 큰 상처를 줄 수 있지 않을까? 그런 상황을 막기 위해서 이 폭압정치에 맞서야겠다고 결심했다. 내가 뽑은 대통령에 맞서야하는 상황이 혼란스럽기도 하다.

영혼을 쥐어짜서 쓴 청와대 이전 반대 의견서를 인수위에 제출한 바로 다음날 일요일 오전 11시 윤석열 당선인이 직접 기자회견을 열어 용산 국방부 청사로의 이전을 공식화하는 뉴스가 흘러나왔다. 바로 전날 한 분 한 분의 의견을 소중히 듣겠다는 말은 그저 립서비스였구나라는 허탈감이 드는 순간 일말의 기대는 분노로 바뀌었다. 윤석열 당선인은 국민을 기만했고 제왕적 대통령의 길을 가는 내로남불의 속편이 아닌가 느껴졌다. 이러한 독주에 제동을 걸지 않으면 국가의 불행은 불을 보듯 뻔하다는 판단이 들었다.

06 헌법이 지배하는 사회를 꿈꾸며

윤석열 정부의 진정한 성공을 바라는 마음에서 썼던 의견서가 권력자들에게 휴지가 되어버리는 것을 보고 나는 주권회복을 위해 헌법소원을 하기로 결심하였다. 평범한 주부로 살고 싶은 내가 어찌하여 헌법소원과 같은 뜨거운 이슈에 앞장서게 되는지 한 번 생각해 볼 겨를도 없이 숨가쁘게 뛰고 있다. 이런 불법적인 상황에 모른 척 눈 감으면 남들처럼 편안하게 지낼 수도 있겠지만 보이지 않는 손길은 나의 내면에 분노를 일으키며 숨가쁜 상황으로 몰아가는 것만은 확실하다. 무엇을 위하여 이렇게 뛰고 있는가? 그것은 헌법이 지배하는 사회를 소망하기 때문이다. 내가 생각하는 헌법이 지배하는 사회란 전국민이 헌법이념으로 하나가 되어 국민의 기본권이 존중받고, 정치권력을 신뢰할 수 있는 사회이다. 그렇게 법치가 제대로 작동하는 사회가 된다면 시민활동에 나설 필요없이 자녀교육에 더 신경 써주고 가족과 시간을 보내며 조용히 책도 읽고 남편과 함께 여행도 할텐데 그렇지 못하여 한탄이 나온다. 신문을 보면 하루도 빠짐없이 법치주의가 제대로 작동하지 않는 불법국가가 대한민국의 현주소임을 어렵지 않게 확인할 수 있다. 조국사태, 원전해체사건, 드루킹댓글사건, 울산시장 등 부정선거사건, 목선을 타고 남하한 탈북자북송사건, 대북·대중국 굴종외교, 대장동게이트사건, 김명수 대법원장 사법농단 등 어느 것 하나 제대로 처리되는 것이 없다. 수사하는 검찰의 손발을 자르거나 검찰해체로 상상을 초월하는 법치파괴가 대한민국 한복판에서 벌어지고 있다.

누군가 법치수호를 위해서 투쟁하겠지라는 기대는 이제는 버려야 했다. 문제의식을 깨달은 사람이 그 일을 즉시 시작해야 한다는 사실을 깨달았다. 누군가 대신 해주는 사람은 없었다. 대부분의 사람들은 바쁘거나 관심이 없고 용기가 없었다. 그래서 나서기 시작한 것이 벌써 굵직한 소송만 해도 한 두 건이 아니다. 제주4·3추념사에서 문재인 대통령이 공산주의자들을 칭송한 사실에 대해 국가보안법 위반죄로 고발한 사건을 비롯해서 제주지방검찰과 법원이 제주4·3수형인들에 대한 재심재판에서 대한민국을 부정하는 구형과 선고를 하는 위법행위에 책임있는 법무부장관과 검사들을 직무유기로 고발하였다. 이러한 국가자해행위의 근원은 국회가 제주4·3특별법이라는 역대 최악의 법을 만들어낸 것에서 비롯되었다. 헌법재판소에 제주4·3특별법을 대상으로 뜻있는 분들과 함께 헌법소원심판청구를 하여 현재 진행 중이다. 헌법재판소 재판관들이 정상적이라면 반드시 위헌결정이 나올 것이라고 확신하고 있다. 제주4·3특별법과 청와대 이전 계획 이 두 가지 대형사건이 헌법재판소에서 다뤄지고 있다. 대한민국 정체성 및 헌법이념과 관련되는 이 사건들의 역사적 의의는 헌법이 최고법으로서 대의기관과 정치권력을 통제할 수 있음을 국민에게 각인시킬 수 있는 절호의 기회인 동시에 헌법이 지배하는 사회로 도약하는 출발이 될 수 있다는 데 있다. 대한민국의 운명을 좌우할 시간이 다가오고 있다.

07 국민의 종류 들여다보기

국민이 다 같은 국민은 아니다. 대한민국 헌법은 우익헌법이고 따라서 대한민국 국민은 우익이 되어야 맞다. 조선민주주의인민공화국 즉 북한은 좌익헌법이고 따라서 북한 주민은 좌익으로 분류하는 게 또한 맞다. 그러나 북한 주민이 자유의 맛을 경험한다면 대부분 우익이 될 사람들이니 잠재적 우익이라고 할 수 있고, 우리나라 국민 중에는 친북성향이 강한 공산주의자들이 있으며 이들을 좌익으로 분류할 수 있다는 점에서 좌익 우익을 소속이 어디냐에 따라 분류하는 것은 절대적일 수 없다. 요즘은 우파와 좌파로 국민을 분류하기도 한다. 우파는 우익을 포함한 보수성향의 사람들이라고 한다면 좌파는 좌익을 포함한 친북진보성향 내지는 합리적 민주화세력이나 북한에 대하여 온건한 입장을 취하는 정당을 지지하는 사람들이라고 본다. 합리적 민주화세력은 좌파에 주로 많았었는데 우파진영에서도 많이 만날 수 있다는 점에서 상대적이다. 이러한 추세가 반영되어서인지 최근에는 좌익을 포함하는 친북진보성향을 지닌 사람들을 반체제세력 그 외의 모든 국민을 대한민국세력으로 구분하기도 한다. 청와대 이전 반대는 합리적 민주화세력이 주로 주도하고 있다고 보여진다. 이들은 대한민국 세력에 포함되는 사람들이다. 반체제 세력이 척결되고 나면 우리나라도 미국처럼 보수주의와 자유주의가 일반적이지 않겠나 싶다. 보수주의는 청와대 이전을 전통을 이유로 반대하고 자유주의는 청와대 쇄신을 이유로 이전하는 선택을 할 수도 있다. 어느 경우에도 국민적 합의와 절차를 준수해야 하는 것은 전제조건이다.

08 이제 하나된 국민 속으로

　대한민국 건국이념을 철학적 기초로 하는 국민이면 여야 상관없이 하나이다. 좌익이나 맹목적 보수가 아닌 건국의 뿌리를 함께 하는 세력이라면 대화가 되고 타협이 될 수 있다. 흔히 말하는 좌우대립이 있을 수 없다. 정치권에도 서로 이해하고 양보하고 도와주는 미풍양속의 새로운 문화가 형성될 수 있다. 견해차가 있으면 국민투표로 정하면 된다. 그동안 우파활동을 하면서 좌파는 정적이라고 생각해왔는데 막상 청와대 이전 문제를 놓고 보이는 양상을 볼 때 민주당을 지지하는 분들의 대부분이 이전을 반대하고 국민의힘당을 지지하는 분들의 대부분은 이전을 찬성하고 있다. 이러한 분위기를 보면서 그동안 진영논리에 빠진 대깨문이라는 선입견을 주던 민주당 지지자들도 상식적이고 건전한 마인드를 갖고 있다고 판단되어졌다. 오히려 애국적이라고 생각했던 국민의힘당 지지자들이 맹목적이라는 인상을 주고 있다. 이전 반대를 피력하면 윤석열 정부가 동력을 상실하게 될지도 모른다는 염려 때문이라는 점을 모르는 바는 아니다. 그렇다고 헌법정신에 어긋나는 사항을 밀어붙이도록 허용하여서는 안 되는 일이다. 공정과 상식을 선거유세 내내 앞세웠던 윤석열 당선인이 결국 본인도 공정과 상식을 위반하고 있다는 아이러니를 어떻게 설명해야 할 것인가? 정치인으로서 부덕의 소치고 일시적인 무지의 결과라고 밖에는 설명할 길이 없다. 윤석열 당선인이 지도자로서 잘못한 선택이 애국적인 우파 국민들조차 방향을 잃게 만든 것이 아닌가 생각한다. 지도자도 문제지만 잘못된 지도력에 대해 비판의식 없이 따라가는 지지자들도 문제가 있다. 이런 문제를 지적하면 이단자 취급을 받아 불편한 상황을 만들지 않기 위해 입을 다물게 되지만 우파세계에서 배척당할 각오로 청와대 이전 반대 투쟁을 하지 않으면 안될 상황까지 왔다. 이제는 우파는 내편이고 좌파는 적이라고 생각하던 이분법적 태도를 버리기로 했다. 건국의 뿌리를 같이 한다면 공정과 상식을 가진 사람은 같은 국민으로 진심으로 인정하기로 결심했다.

청와대 이전 문제에서 좌파라고 해서 윤석열 정부의 실패를 목적으로 반대를 위한 반대를 하고 있다고 생각하지 않는다. 나의 친정과 주변 지인들이 이런 부류에 많이 속하는데 이들은 모두 건전한 상식과 공정한 기준에 맞게 사회생활을 하고 있는 사람들이다. 지금까지 집안에서 윤석열과 국민의힘당을 변호하느라 불화도 많았지만 청와대 이전 반대에서는 같은 생각을 한다는 점에서 가족간 화해가 되고 관계도 회복되었다. 정치적 이견이 있었던 것들도 서로 들어봐 줄 여유가 생겼고 나와 다른 생각을 가지고 있더라도 좀 더 이해가 되는 듯하였다. 상대방의 입장에서 생각해 볼 여유를 가지게 되었다. 그렇다고 문재인 대통령의 실정에 대해서 모두 용서가 된다는 뜻은 아니다. 나는 이미 2020년 6월 문재인 대통령을 국가보안법 위반으로 고발했었다. 어느 정도의 책임을 묻고 난 후는 사면의 기회도 있어야 하지 않겠나 생각하게 된다. 문재인 대통령의 실정이 아니었다면 나 같은 평범한 사람이 국가안보와 반공활동에 관심을 가졌을 리도 없다.

청와대 이전 문제로 그동안 내 마음 속에 잃어버리고 지냈던 절반의 국민에 대한 답이 사라지는 느낌이다. 나는 앞으로 좌우라는 개념보다 여야라는 개념이 더 정확한 표현이 될 것이라고 본다. 여야 어디에 속하는지는 중요하지 않다. 자유민주주의 사상이 같다면 공정과 상식이 통하는지 여부가 중요하다. 공정과 상식이 통하는 정의로운 사람들이 세력을 형성하고 이러한 정치세력이 권력을 잡아야 대한민국이 발전할 수 있다. 이를 위하여 국민을 계몽하는 일은 무엇보다 중요하다. 반공정신에 기반을 두고 정의로운 사회를 만드는 일에 국민이 참여한다면 대한민국은 하나가 된다는 희망이 있다.

광화문 (光化門)

광화문은 경복궁의 남쪽 정문으로 '임금의 큰 덕(德)이 온 나라를 비춘다'는 의미이다. 태조 이성계에 의해 1395년에 세워진 광화문은 경복궁과 육조거리[六曹街]를 연결해주고 있다. 육조거리는 광화문에서 현재의 세종대로 사거리까지 이르는 거리로, 조선왕조의 이조, 호조, 예조, 병조, 형조, 공조의 육조 관청이 소재하고 있었기 때문에 붙은 명칭이다. 육조거리에는 의정부, 중추부, 한성부, 사헌부 등 최고의 관청들도 함께 있었다.

유교적 민본주의의 통치철학이 경복궁에서 광화문을 통해 육조거리와 팔도로 이어졌듯, 대한민국의 헌법정신이 청와대로부터 한반도 전역으로 흘러 넘쳐야 국민이 행복할 수 있다. 역사와 전통의 계승은 후대의 도리이자 헌법정신이다.

청와대 (靑瓦臺)

푸를 청(靑), 기와 와(瓦)자를 써서 '푸른 기왓장으로 지붕을 얹은 건물'이란 뜻의 청와대는 대한민국 대통령이 일하고 생활하는 공간을 의미할 뿐만 아니라, 대통령과 대통령을 돕는 인력과 시스템 전체를 의미한다.

청와대에서는
첫째, 경복궁의 민본사상 통치이념을 알아야 한다. 경복궁의 근정전(勤政殿), 사정전(思政殿), 광화문(光化門) 등의 뜻을 마음에 새겨야 한다.
둘째, 청와대는 대한민국의 정통성과 정체성을 상징하는 헌법정신임을 마음에 새겨야 한다.
셋째, 국가기관 상호 간 효율적 상호작용은 시너지 효과를 가져온다. 청와대는 국가발전을 선도하는 싱크탱크이다.
넷째, 1990년 청와대 경내의 북악산 기슭에서 '천하제일복지(天下第一福地)'라는 표석이 발견됐다. '하늘 아래 가장 축복된 땅'이란 뜻이다. 선대가 명명해준 '천하제일복지'를 세계로 확산시킬 사명이 있다.

제2장

대한민국의 심장
청와대

공직자는

헌법가치를 실현하고
국가에 헌신하며
국민에게 봉사하는 사명이 있습니다.

국민의 기본권을 존중하고
법치를 수호해야 합니다.

공무원 선서

"나는 대한민국 공무원으로서
헌법과 법령을 준수하고
국가를 수호하며
국민에 대한 봉사자로서의 임무를
성실히 수행할 것을 엄숙히
선서합니다."

(국가공무원복무규정 제2조 제2항)

대한민국의 심장
청와대

01 청와대는 대한민국의 정통성이 흐르는 곳

　경복궁 후원에 세워진 청와대는 국가원수와 비서진이 함께 집무하는 중요한 국가시설이다. 청와대의 터는 고려 남경의 궁궐터에서 기원한다고 한다. 태조 이성계가 위화도 회군을 한 후 한양(서울)으로 천도한 때부터 서울은 600여 년 동안 우리 민족의 수도로서 민족사적 정통성을 지니는 장소이다. 태조 이성계는 조선을 건국(1392년)하고 나서 수도를 지금의 서울인 한양으로 옮긴 뒤 제일 먼저 종묘와 사직 그리고 궁궐인 경복궁을 세웠다(1395년)고 한다. 고려시대부터 서울(한양)은 천도계획의 대상이었다.

마침내 태조 이성계에 와서 서울은 여러 후보지를 제치고 새로운 도읍지로 결정되었다. 한강이 있어 교통이 편리하고, 넓은 들을 끼고 있어 식량을 구하는 데도 적당하였으며, 산과 강이 서울을 감싸고 있어 적을 방어하기에도 유리하고, 또한 서울이 좋은 땅이라는 풍수지리설도 영향을 주었다고 한다.

조선은 왕조의 정통성을 확립하기 위해서 경복궁의 건물 이름에 통치 이념을 반영하였다. 부지런히 정사를 살피라는 근정전(勤政殿), 깊이 생각해서 선정을 베풀어야 한다는 사정전(思政殿), 그 결과 임금의 큰 덕이 온 나라를 비추게 된다는 광화문(光化門)이 조선의 이념을 담고 있다. 즉 경복궁은 조선의 이상을 담은 법궁[3] (정궁)이었다.

선조는 임진왜란으로 경복궁 등 궁궐이 모두 불타 없어지자 일 년 후 창덕궁을 재건하였고 창덕궁은 고종에 이르기까지 경복궁을 대신하여 정궁의 역할을 하였다. 역대 왕들이 경복궁 중건을 하고 싶었지만 임금이 검소하고 소박하여 솔선수범하지 않으면 나라가 망한다고 생각하여 경복궁 중건은 엄두도 내지 못하였다고 한다. 270여 년이 지나 고종 때 이르러서 대원군에 의해 경복궁은 우리

---

3) 으뜸가는 궁궐. 임금이 소재하는 궁궐을 말한다. 수도 한성의 가장 중요한 공간이다.

역사에서 가장 웅대하게 중건되었다. 그러나 일제에 의해 경복궁은 파괴되었고 공원과 폐허로 변해버렸다. 일제는 경복궁을 부정하고 조선의 주인행세를 하려고 그 터에 조선총독부를 건립하였다. 경복궁은 조선총독부 건물에 가려져 우리 민족에게서 아련해져갔다. 일제가 우리 민족의 정통성을 파괴하기 위해서 경복궁에 대해 저지른 만행은 치밀한 의도가 있었다. 일제는 우리의 민족혼을 제거하려고 우리 민족의 자존심이자 정통성의 상징인 경복궁 궁궐을 박물관이나 전시장으로 만들었고 4대문의 이름도 동서남북의 의미 없는 이름으로 불렀다. 조상의 빛나는 얼을 의미 없는 공간으로 만들어 갔다. 김영삼 대통령 때에 경복궁 내에 있던 조선총독부 건물을 철거함으로써 역사바로세우기를 시작하였고, 역대 대통령들마다 민족정기를 회복하기 위해서 경복궁 복원사업을 정성스럽게 진행하여 왔다. 일제의 흔적을 지우고 경복궁의 원래 모습으로 복원하는 대역사를 후손들이 하고 있는 것이다. 우리는 주권을 되찾았고 민족의 정기는 부활하였다. 그러나 여기에 안주하지 않고 주권자 국민은 대통령으로 하여금 국민을 대표하여 유구한 역사와 전통의 상징인 경복궁의 맥을 이은 청와대에서 주권과 정통성을 잘 지켜달라는 사명을 부여하였다. 그런데 이 막중한 임무를 저버리고 용산으로 가겠다는 일방적인 결정은 국민을 배신하는 행위로써 대통령으로서 기본을 망각한 것이다. 만일 청와대를 공원화한다면 그것은 일제가 행했던 경복궁의 공원화 사업을 정당화해주고 지금까지 행해온 민족정기 회복운동은 무의미해질 수 밖에 없지 않겠는가? 청와대를 공원화하여 일제의 경복궁 지우기를 답습하려고 하는 이유가 도대체 무엇인가?

경복궁에서 명성황후가 일본인 자객들에 의해 참혹한 테러를 당하는 비운을 맞이한 것은 터의 문제가 아니다. 일본의 제국주의적 야만성과 조선의 허약한 국력에서 원인을 찾아야 한다. 고종은 일본의 압박을 러시아의 힘으로 막아보려고 러시아 공사관으로 거처를 옮기는 아관파천을 단행하기도 한다. 그러나 다시 경복궁으로 돌아오라는 국민들의 여망에 따라 고종은 1년 만에 환궁하지만 일제의 압박을 피하고 민비시해의 트라우마를 잊기 위해 경운궁(덕수궁)으로 거처를 옮겼을 뿐 법궁으로서 경복궁의 지위에는 변함이 없었다. 임시정부의 대한민국 임시헌법[4] 제7조는 "대한민국은 구황실을 우대함"이라고 규정하고 있다. 대한민국 헌법 전문은 "대한민국 임시정부의 법통을 계승하고"라고 규정함으로써 경복궁은 조선, 대한제국, 임시정부로 이어지는 민족사적 정통성을 계승하고 있음을 알 수 있다. 이와 같이 역사적인 맥락에 대한 이해의 당연한 귀결로 건국의 시작을 경복궁에서 하게 되었던 것이다. 정리하자면 선조는 7년간의 임진왜란으로 파괴된 환경 탓으로 궁

---

4) [시행 1919. 9. 11.] [임시정부법령 제2호, 1919. 9. 11., 폐지제정]

궐을 옮겼지만 그 외 궁궐을 이전한 경우는 한결같이 국가위기상황에서 부득이한 이전이었고 경복궁은 민족사적 정통성을 이어온 법궁이었다는 사실이다. 서울이 함락 당한 6·25 전쟁 당시에는 임시수도 부산의 서구 부민동에 임시관저를 두었는데 이 건물은 현재 임시수도기념관이 되었다. 그리고 환도 이후 경무대가 다시 대통령 관저가 되었다.

대한제국이 대한민국으로 체제가 전환된 것과 관계없이 대한민국의 헌법이 '대한'이라는 국호와 임시정부의 법통을 계승하고 있다는 사실은 우리 선조들의 역사를 부정적으로 배척하지 않고, 우리 민족의 역사적 계속성과 동일성을 중시하겠다는 결단을 의미한다. 청와대에 선대로부터 내려져 오는 '천하제일복지(天下第一福地)'라고 쓰여있는 표지석이 있다고 한다. 대한민국의 상징인 청와대가 '천하제일복지'이기 때문에 대한민국 국민들이 복되게 살고 있는 것이 아닌가? 표지석의 존재는 청와대에 역사적 정통성이 있으며 축복의 터전이 되어 왔지 결코 흉터가 아니라는 확신을 갖게 해주면서 큰 감동을 준다. 우리 민족이 영속하는 한 청와대는 대한민국 대통령의 관저가 되도록 전통을 지켜야 마땅하다. 청와대가 담고 있는 정신사적 가치는 경제적 가치보다 우월하다. 청와대는 조상의 빛난 얼을 오늘에 되살려야 할 소중한 민족의 자산이다. 조상의 얼과 혼이 서려있는 민족의 구심점이자 대한민국 건국과 성장의 중심지로서 민족사적 정통성을 상징하고 있다. 이러한 전통가치를 고수하고 성지와 같은 곳으로 청와대를 브랜드화함으로써 우리의 국격을 한층 드높여야 할 것이다.

경복궁은 조선조 제1의 궁궐인 법궁이었으며, 경복궁 후원에 자리한 청와대는 민족사적 정통성을 이어가며 대한민국 건국과 발전의 상징이 되어 왔다. 민족의 얼이 서려있는 청와대는 우리 선조들의 숨결이 묻어나오는 역사 현장이다. 그래서 대통령 당선자들에게 있어서 청와대는 선조들의 숨결을 느끼며 아픈 역사를 되풀이하지 않겠다는 다짐을 할 수 있는 의미 있는 장소이다. 또한 아픈 기억을 상기하며 부국강병의 중추역할을 담당하도록 쉴 틈 없이 고동치는 심장같은 자리가 되어왔다. 이러한 맥락에서 보면 오천년 유구한 역사를 자랑하는 대한민국이 존속하는 한 청와대는 흉터나 혐오시설로 매도당하거나 박물관으로 전락되어야 할 장소가 결코 아니다. 청와대를 폐기처분한다면 스스로를 비하하는 수치스러운 민족으로 평가받게 될 것이다.

02 청와대의 전신 경무대

　경복궁 후원에 있던 넓은 뜰 경무대는 과거시험과 군대사열 등이 행해지는 장소로 쓰였으나 일제강점기에 공원으로 만들어졌으며, 1937년에 조선 총독 관저가 세워졌고, 미군정 치하에서는 하지 장군의 관저로 쓰이다가, 건국 후 이승만 대통령의 관저로 쓰이게 되었다. 이승만 대통령이 제일 먼저 한 일은 망치를 들고 가 모든 일본산 전구와 가로등을 깨 버리는 것이었다고 한다. 예산부족과 신생국가의 현안이 많아서 조선총독부 건물(중앙청)과 관저를 그대로 사용할 수 밖에 없다가 순차적으로 오늘날의 경복궁과 청와대의 모습을 이루게 되었다. 어떤 이는 청와대가 조선총독부 관저가 있던 자리이기 때문에 청와대를 이전해야 한다는 주장을 편다. 그러나 조선총독부와 그들의 관저가 있기 전부터 그 자리는 우리의 자리였고 힘이 약해 잠시 일제에 빼앗겼던 우리 집을 다시 찾았다는 사실은 감격스러운 일이다. 청와대가 조선총독부 터였다는 주장을 하면서 청와대를 이전하겠다는 것은 명분이 부족하고 잃어버린 주권을 되찾으려 독립을 위해 애쓰신 선열들이 보실 때 얼마나 철없는 행태일까. 일제조차도 그곳의 상징성과 효율성이 충족하다고 판단하였기에 그 자리에 총독부와 관저를 세웠을 것이다. 우리 민족의 성지와 같은 경복궁과 청와대는 누구보다도 우리가 소중히 간직하여야 할 보물같은 가치가 있다. 일제가 경복궁을 박물관·전시관 등의 행사장으로 만들고, 창경궁을 동물원과 식물원으로 만들어 일반인에게 관람시켜 우리의 왕들을 모독하듯이 청와대를 공원과 박물관으로 만들어 세계속의 대한민국으로 발전시켜온 우리의 역대 대통령들을 절대권력이니 제왕적 대통령이니 모독하는 장소로 격하시키려는 행위는 절대로 용납해서는 안 된다. 전차가 일본보다 서울에 먼저 생겼다고 한다. 일제보다 무능하지 않은 대한제국을 일제는 왜 무능한 나라로 왜곡하였던 것일까? 그것은 식민통치의 합리화를 위해서였다. 조선이 괜찮은 나라였다면 식민지배가 정당화될 수 없어서 '망국책임론'이란 프레임을 씌웠다.[5] 그런데 외세도 아닌 우리 스스로 훌륭했던 조상들과 선배들을 치욕의 굴레에 가두려 하고 있으니 이거야말로 배은망덕이 아니겠는가? 당장 멈추어야 한다.

윤보선 전 대통령은 경무대의 명칭을 백악관(the White House)과 대조되는 의미에서 청와대(the Blue House)로 개칭하였다. 그 후 청와대는 역대 대통령들이 다양한 관점에서 정성을 담아 보완해 왔다. 지금은 세계 어느 나라의 대통령 집무실보다 완벽한 품격있는 브랜드로 자리매김하고 있다고 확신한다. 74년

---

5) 중앙일보 (2017. 10. 12.) "대한제국 → 임시정부 → 대한민국 … 근대국가 정신 이어졌다" 이태진 서울대 명예교수 인터뷰

간 모든 국민이 자랑스럽게 인정하고 전세계가 알고 있는 대한민국 대통령의 소재지! 지금까지 청와대에서 있었던 수많은 역사적인 행사들과 감동마저도 윤석열 당선인은 부정하려는 것인가? 윤석열 당선인은 도대체 왜 단 하루도 청와대에 안 들어가겠다고 하는지 따져 묻고 싶다.

03 헌법상 대통령 소재지의 중요성

대한민국 헌법 전문[6]은 아래와 같다.

"**유구한 역사와 전통에 빛나는 우리 대한국민은** 3·1운동으로 건립된 **대한민국임시정부의 법통**과 불의에 항거한 4·19민주이념을 **계승하고**, 조국의 민주개혁과 평화적 통일의 사명에 입각하여 정의·인도와 동포애로써 민족의 단결을 공고히 하고, 모든 사회적 폐습과 불의를 타파하며, 자율과 조화를 바탕으로 자유민주적 기본질서를 더욱 확고히 하여 정치·경제·사회·문화의 모든 영역에 있어서 각인의 기회를 균등히 하고, 능력을 최고도로 발휘하게 하며, 자유와 권리에 따르는 책임과 의무를 완수하게 하여, 안으로

---

6) 법제처 국가법령정보센터 [시행 1988. 2. 25.] [헌법 제10호, 1987. 10. 29., 전부개정]

는 국민생활의 균등한 향상을 기하고 밖으로는 항구적인 세계평화와 인류공영에 이바지함으로써 우리들과 우리들의 자손의 안전과 자유와 행복을 영원히 확보할 것을 다짐하면서 1948년 7월 12일에 제정되고 8차에 걸쳐 개정된 **헌법을** 이제 국회의 의결을 거쳐 **국민투표에 의하여 개정한다.**"

청와대 이전이 얼마나 잘못되었는지 헌법전문을 제대로 이해하면 쉽게 파악할 수 있다. 헌법 전문에 답이 있다.

첫째, 헌법 전문은 **대한국민의 정통성을 유구한 역사와 전통**에서 구하고 있다. 이를 좀 더 분명히 해주는 것이 임시정부의 법통계승에서 정통성을 구하는 점이다. 즉 우리 대한국민은 오랜 역사와 전통으로 영광스럽고 훌륭하게 되었고, 대한민국임시정부의 법통을 계승한다고 밝히고 있다. 한민족의 유구한 역사와 전통을 뿌리로 인정하고, 대한민국임시정부의 법통을 계승함으로써 대한제국, 조선으로 이어지는 민족사적 정통성을 확인하고 있다. 오랜 역사와 전통은 우리 국민을 하나로 묶어주는 규범력을 가진 정통성으로 인정하는 관습을 만들어왔고, 임금이 소재하는 궁궐인 경복궁에 이어지는 최고헌법기관 대통령의 소재지 청와대도 우리 국민을 하나로 묶어 주는 심리적 근거로서 구심점 역할을 하고 있다.

둘째, 우리는 비록 선대의 체제와 이념이 다른 부분은 있었지만 선대의 역사를 '빛나는'이라는 표현을 씀으로써 **긍정적 자화상을 가진다는 결단**을 하였다. 부끄러운 조상이 아닌 자랑스러운 5천 년 역사를 가지고 있음을 밝히고 이러한 전통을 이어받겠다는 뜻이다. 우리는 비록 힘이 약했지만 백의 민족으로서 선하고 지혜로운 민족이었다. 청와대는 부끄러운 자화상이 아닌 우리를 빛나게 만들어 주는 보물이다. 청와대는 버려야 할 구시대의 유물이 아닌 민족사적 정통성을 이어가야 할 상징적 민족의 자산이다.

셋째, 헌법 전문이 말해주는 또 하나의 중요한 핵심은 **'우리 대한국민'이 헌법제정과 개정의 주체**이고 헌법개정의 방법은 국민투표라고 명시하고 있다는 사실이다. 헌법개정의 주체가 대한민국(국가주권)도 아니고 대의기관(군주주권)도 아닌 '우리 대한국민(국민주권)'이라는 사실이다. 청와대 이전을 하려면 관습헌법의 정통성의 변경을 가져와서 헌법개정을 해야 한다.

넷째, '우리 대한국민은' 이하의 전문 내용에서 선언하는 헌법원리와 이념들은 우리 **국민과 대한민국의 정체성**을 잘 표현하고 있다. 헌법질서에 반하여 청와대를 이전하는 불의에 반대하는 것은 헌법적이다.

600여 년간 궁궐이었던 경복궁과 그 전통을 이어받아 대한민국 청와대가 기능을 해왔는데 한 순간에 이전한다는 것은 역사성을 전혀 고려하지 않은 부실 그 자체이다. 청와대는 역사적으로나 헌법적으로도 한반도의 중심이다. '대한민국의 영토는 한반도와 그 부속도서로 한다'라는 헌법 제3조 규정은 한반도에서 정통성 있는 국가는 대한민국이 유일하다는 뜻이다. 헌법상 대한민국의 영토는 남한이 아닌 한반도 전지역이고 그 중심에 수도 서울과 정통성을 이어받고 있는 청와대가 있는 것이다. 반국가단체인 북한이 대한민국에 평화적으로 편입이 될 수 있도록 여건을 유지하기 위한 차원에서라도 통치권자는 청와대를 떠나면 안 된다. 우리의 통치권자가 청와대(경복궁)를 떠나는 순간 우리의 정통성은 약화될 위험에 놓인다. 수도 서울이 휴전선에 가까워도 또한 국가 균형발전이라는 목적에도 불구하고 정통성 수호를 위해 이전하지 않고 위험을 감수해왔다. 그것은 또한 남북연방제 통일이 아닌 자유민주 통일을 지향하는 헌법정신에 충실한 결과였다. 김일성은 무장공비들을 침투시킬 정도로 청와대 해체를 숙원사업으로 갖고 있었는데 이를 우리의 손으로 해체한다는 것은 김일성의 숙원사업을 대행하는 꼴이 된다. 청와대 이전은 정통성을 훼손하는 것이고 권위의 해체이며 결국 대통령제의 기반을 약화시킬 것이다. 분단 상황에서 대통령의 강력한 지도력의 부재는 국정혼란으로 이어져 북한이 오판하여 도발을 일으킬 개연성을 높여 줄 수 있다. 대통령의 소

청와대 본관

재지는 이처럼 분단 현실에서 자유민주체제의 정통성을 지키는 차원에서 중요한 사안임을 잊지 않아야 한다.

04 청와대가 대통령의 소재지인 점은 관습헌법이다

한 국가의 수도가 되기 위해서는 왕이 거하는 궁궐이 있어야 한다. 수도의 핵심이 왕이 거하는 궁궐이므로 궁궐의 이전은 수도의 이전과 같이 중요하다. 궁궐의 소재지를 어디로 정하느냐의 문제가 민족의 정체성을 표현하는 것과 관련되듯 오늘날에도 수도 내에서 대통령 소재지를 어디에 설정하고 어디로 이전할지는 국가의 정체성을 표현하는 실질적인 헌법사항이라함은 의문의 여지가 없다. 우리 헌법전에는 '청와대가 대통령의 소재지'라는 명문의 조항이 존재하지 아니한다. 그러나 현재의 청와대가 대통령의 소재지인 것은 자명한 것으로서, 불문헌법이다. 청와대 조직과 작용, 청와대와 국민의 관계 등 국가적 공동생활에 관한 사항(헌법사항)은 실질적 의미의 헌법에 해당한다. 따라서 대통령 소재지와 같은 관습헌법사항은 하위규범형식인 계획에 의하여 개정될 수 없다. 본 사안의 경우에 청와대가 대통령의 소재지가 아니라고 하는 법적확신이 국민들에게 발생하여 관습헌법이 사멸했다고 볼만한 사정은 확인되지 않는다. 또한 청와대를 용산으로 이전하는 것을 헌법에 명문으로 삽입하여 넣는 취지의 헌법개정이 현행 헌법이 정한 절차에 따라 시행된 바도 없다. 따라서 우리나라의 대통령의 소재지가 청와대인 것은 우리 헌법상 관습헌법으로 정립된 사항이며 여기에는 아무런 사정의 변화도 없다고 할 것이므로 이를 폐지하기 위해서는 반드시 헌법개정 절차인 국민투표로 국민의 동의를 구해야 한다. 수도 서울, 우리말, 우리글 한글처럼 관습헌법이 되기 위해서는 성문헌법보다 엄격한 요건이 필요하다. 헌재에 따르면 관습헌법은 모호하지 않고 명료하게 이해되는 오랜 기간 끊어짐이 없이 계속되는 관례로 전국민적인 폭넓은 승인을 얻어야 한다.

수도 서울이 관습헌법인 것은 이미 헌법재판소가 규명하였다. 헌법재판소에서 수도는 서울이라는 결정을 내린 이면에는 논리적으로 청와대는 대통령의 소재지라는 사실을 전제하고 있다. 헌재의 결정은 결과적으로 청와대가 관습헌법임을 인정한 것이다. 따라서 개헌없이 청와대 소재지를 이전하는 것은 헌재 결정에 반하여 위헌이 된다. 청와대가 대통령 소재지라는 관습헌법에 해당하는지를 헌법재판소 결정의 논리적 측면 이외에 사실적 측면과 역사적 정통성 측면에서 좀 더 살펴볼 필요가 있다. 사실적 측면에서 청와대가 조선의 법궁인 경복궁 내에 위치하고 있다는 사실은 설명이 필요 없을 정도로 자명하다. 역사적 정통성 측면에서 청와대의 기원이 조선왕조 경복궁의 정통성을 이어받고 있다는 증거는 대한제국 이래 헌법적 근거로도 설명될 수 있다. 대한제국 헌법[7] 제2조는 "대한제국의 정치는 이전부터 오백년간 전래하시고…"라고 규정되어 있다. 이 규정은 조선왕조 500년의 법통[8]을 계승한다는 의미이다. 대한민국 임시정부의 대한민국임시헌장[9] 제8조와 대한민국임시헌법[10] 제7조는 "대한민국은 구황실을 우대함"이라고 규정하고 있다. 이 규정들 역시 임시정부가 대한제국의 법통을 계승한다는 간접적인 의미를 명문화한 것이다. 우리 헌법 전문은 "대한민국임시정부의 법통을 계승한다"고 규정하고 있다. 따라서 대한민국 헌법은 임시정부의 법통과 그 이전의 대한제국, 조선왕조까지 법통을 계승함을 밝힌 것이다. 경복궁이 조선시대 법궁의 지위에 있었으며 대한민국 독립과 함께 청와대가 최고 통치자의 소재지 지위를 회복하여 오늘에

---

7) 1899년 8월 17일 대한제국이 공포한 국제 [출처: 한국민족문화대백과사전(대한국국제(大韓國國制))]
8) 법통이란 법의 계통이나 전통을 의미한다. 법통계승은 법전, 법궁을 이어받는다는 뜻이다. 대한제국의 국호, 국기, 국가(國歌), 근대국가 정신 등을 임시정부에 이어서 대한민국이 계승한 점에서 이러한 요소도 법통에 포함하여 이해할 수 있다고 본다.
9) 법제처 국가법령정보센터 [시행 1919. 4. 11.] [임시정부법령 제1호, 1919. 4. 11., 제정]
10) 법제처 국가법령정보센터 [시행 1919. 9. 11.] [임시정부법령 제2호, 1919. 9. 11., 폐지제정]

이른 것이다. 만약 청와대가 관습헌법이 아니라면 대한민국은 지금까지 불법국가였다고 하지 않을 수 없다. 관습헌법이었기 때문에 청와대법 등 하위 법령을 만들지 않았을 것이다. 최고 권력인 대통령에 대한 법률을 의원들이 쉽게 제정하기도 어려웠을 듯하다. 설령 청와대법률 등이 제정되었다고 하더라도 그러한 하위법규는 조직과 작용에 미치고 청와대 이전 문제는 헌법재판소가 결정한 바와 같이 개헌절차를 밟아야 한다.

05 청와대는 대통령제의 상징

우리 헌법은 대통령제를 규정하고 있으며 제왕적 대통령제가 아니다. 대통령제에서 비선활용, 정경유착, 권한남용 등이 있었다는 이유로 대통령제가 제왕적 대통령제로 유린당해서는 안 된다. 대통령 개인의 일탈이 대통령제도 탓으로 돌려져서는 안 된다. 대통령 권한의 문제가 아닌 대통령의 자질과 권력남용을 통제하는 시스템이 제대로 작동되는지 여부, 즉 국민과 정치인의 의식수준이 문제의 핵심이다. 윤 당선인은 '청와대는 제왕적 권력의 상징'이라고 한다거나 '절대권력의 상징'이라고 하면서 부정적 인식을 국민에게 심어주고 있는데 무슨 근거로 그런 말을 하는지 듣기 불편하고 불쾌하다. 역대 어느 대통령이 세습을 했거나 또는 그러한 시도를 하려고 한 사례가 있었는가? 법치를 부정하고 절대권력의 상징인 북한과 같은 독재를 한 사례가 있었는가? 조선왕조조차도 경국대전 등 법전에 근거하여 법치주의를 하였다. 조선은 개국부터 정치의 요체는 법에 있음을 이해하고 법의 정립으로 기강을 잡아왔다. 각종 법전을 편찬하고 오늘날의 법적 안정성에 해당하는 '조종성헌 존중주의(祖宗成憲 尊重主義)'까지 적용하여 왔다. 충효사상 등 유교사상이 반영된 법과 원칙은 오늘날의 법치보다 우수한 덕치에 가까웠다. 서구 어느 나라 못지않게 문화민족이었던 우리 선조들이 통치하던 경복궁, 선배 대통령들의 청와대를 부정적 의미에서의 제왕적 권력의 상징이라고 폄훼해서는 안 된다. 우리 헌법은 대통령에게 민족문화의 창달에 노력할 의무를 부여하고 있다(헌법 제69조). 청와대가 '제왕적 권력의 상징'이라고 하는 말은 대통령 당선인이 할 소리는 아니다.

남북대치상황에서 청와대는 대통령제와 맞물려 절대독재권력 북한을 견제하는 대항력 있는 터전을 제공해 왔다. 이러한 청와대를 해체시키는 행위는 대통령제의 약화를 가져오고 의원내각제 등으로 가는 길을 열어줄 수 있다. 의원내각제는 제2공화국에서 경험한 바와 같이 국가 혼란을 불러올 것이므로 북한의 대남공작에 이용당하기 쉬운 구조여서 채택되어서는 안 된다. 자리가 사람을 만든다는 말이 있듯이 대통령과 국회의원들은 국가경영에 있어서 역할과 지위가 다르다. 남북대치상황에서는 대통령제도와 엄격한 삼권분립이 가장 적합한 정치제도라고 생각한다. 절대왕조권력의 상징은 평양의 주석궁이다. 청와대는 주석궁과 비교대상이 될 수 없는 자랑스러운 대통령제의 상징이며 역사적으로 수도 서울의 경계였던 4대문[11] 안에 위치한 한반도의 중심이자 민족의 심장부이다.

06 원로들을 찾아가다

청와대 이전 문제와 관련하여 조언과 지지를 바라기 위해서 이승만건국대통령기념사업회 총회날 이화장을 방문하였다. 원로 한 분은 적극적인 참여는 하실 것 같지는 않았지만 나의 뜻에 공감해 주시면서 무슨 일이든 혼자 하는 것보다 여럿이 함께 하면 시너지 효과가 발생한다는 조언을 주셨다. 총회에서 기념사업회 사무총장께서 기타 안건으로 발언 기회를 주셨다. 청와대 이전의 문제점

---

11) 조선시대 한양도성의 경계인 4대문은 일제의 도시계획으로 철거되거나 명칭이 변경되었다. 4대문 안은 역사적, 정치적, 문화적 원도심을 상징하는 수도 서울의 가장 핵심지역으로 4대문 안에 국가최고권력이 자리해온 것은 관습헌법사항이다. 4대문 안을 지키는 것은 역사적 정통성과 민족적 자존심을 지키는 것이다. 용산은 4대문 밖에 있어서 수도 서울의 핵심지역은 아니다.

에 대해 원로들께서 대통령 당선인에게 권면하여 주실 것을 간곡히 부탁드렸더니 원로들의 반응이 양분되었다. 총회는 더 진행이 안되고 마무리되었지만 생각이 같으신 원로분들께서 이 사안의 중대성을 감지하시고 뜻을 같이하시며 격려를 아끼지 않으셨다. 그 자리에 함께 참석하고 있던 젊은 청년들도 청와대 이전을 반대한다며 동조의사를 표했다. 그래서 당일 이 운동을 함께 추진하기로 뜻을 정하고 연락처를 주고 받았다.

이승만 대통령께서는 경무대에 관한 어떤 입장을 갖고 계셨는지 이승만 대통령 탄신 기념일이었던 2022년 3월 26일 이화장에서 유족분에게 직접 물어 본 적이 있다. 이승만 대통령 며느님 조혜자 여사께서 이승만 대통령께서는 국가예산을 아끼신다고 화장실만 수리하시고 미군이 사용하던 경무대를 그대로 사용하셨다고 말씀하여 주셨다. 낡은 경무대를 그대로 대통령 집무실로 사용한 이유는 예산낭비를 줄이기 위함이었다고 하신다. 겨우 수리한 것이라고는 비좁은 세면장 뿐이었다는 것이다. 이승만 대통령은 예산을 절약하기 위해서 낙후된 시설인 경무대 수리조차 하지 않으셨다. 그리고 적은 국가예산 속에서 상당 부분을 인재양성을 위해 유학생들의 해외 유학비에 할애하셨고, 해외 유학을 다녀온 후진들이 대한민국 성장의 기둥들이 되었다는 말씀을 들려주셨다. 위대한 지도자는 어려운 환경 속에서도 국가의 발전에 우선순위를 두었다는 사실에 감동을 받지 않을 수 없었다. 하늘나라에 계신 이승만 대통령께서 우리 후손들이 지금 하는 일들을 내려다 보시면서 어떤 생각을 하실까? 더 부끄럽지 않도록 신속한 조치가 필요한 이유이다.

제3장

청와대를 지키자

청와대를 공원화한다면

그것은 일제가 행했던
경복궁의 공원화 사업을 정당화해주고

지금까지 행해온
민족정기 회복운동을
무의미하게 만드는 것입니다.

제3장
청와대를 지키자

01 나는 왜 청와대 이전을 반대하는 것일까?

　윤석열 대통령 당선인은 당선인 신분으로서 권한 범위를 넘어 '청와대 이전 계획'을 졸속으로 수립하여 국민적 합의도 없이 취임식 당일부터 시행할 예정이다. 이 사건 계획은 대통령의 소재지를 청와대에서 용산 국방부로 이전한다는 의사결정을 포함하고 있다고 볼 수 있어서 헌법질서 위반과 국민의 기본권을 침해한다. 나는 국민의 기본권을 침해하는 원인을 제거하여 헌법을 수호하고 싶다. 헌법전문은 국민이 헌법개정권력의 주체임을 선언하고 있다. 헌법을 개정하는 것, 어떤 내용으로 개정할 것인지의 결정권은 국민에게 있고 대의기관(대통령, 국회의원)에게 있지 않다. 헌법개정권력은 국가권력보다 상위권력으로서 직접민주주의 형태로 구현된다. 따라서 대리인인 국가권력은 주인인 헌법개정권력이 가지는 권한을 행사할 수 있는 민주적 정당성이 없다. 국민이 가지고 있는 헌법개정권력은 대통령에게 부여된 국가권력보다 상위권력이다. 대의기관은 개헌권을 국민이 행사할 수 있도록 보조할 뿐이다. 대통령이 압도적인 득표율로 당선되었는지 여부와 관계없이 대의기관인 국가권력이 헌법개정권력을 행사한다면 월권이고 정당성을 인정받을 수 없다.

청와대가 헌법 제정 당시부터 대통령의 소재지인 사실은 자명하고 현재까지 변함이 없다. 청와대가 최고헌법기관 대통령의 소재지라는 것은 관습헌법사항이다. 헌법재판소는 "헌법기관의 소재지, 특히 **국가를 대표하는 대통령과** 민주주의적 통치원리에 핵심적 역할을 하는 **의회의 소재지를 정하는 문제는 국가의 정체성을 표현하는 실질적인 헌법사항**의 하나이다…. 수도를 설정하거나 이전하는 것은 국회와 대통령 등 최고헌법기관들의 위치를 설정하여 국가조직의 근간을 장소적으로 배치하는 것으로서, 국가생활에 관한 국민의 근본적 결단임과 동시에 국가를 구성하는 기반이 되는 핵심적 헌법사항에 속한다."(2004헌마554 신행정수도특별법 위헌결정)라고 결정했다. 헌법재판소도 청와대가 대통령의 소재지인 사실을 전제한 결정을 하였고 이는 곧 청와대의 관습헌법성을 인정한 것이다. 따라서 청와대를 이전하려면 반드시 헌법 제130조의 헌법개정절차를 밟아야 한다. 국민이 가지는 참정권적 기본권인 국민투표권의 행사를 배제하는 것은 헌법위반이다. 윤석열 당선인의 청와대 이전 결정은 헌법개정권력이 직접 결정해야 할 일을 대리인이 권한 없이 결행하는 것이어서 주권(헌법제정 및 개정권력)을 침해한 것이고 무효이다. 주권자는 성문이건 관습이건 헌법사항 개정을 대의기관에게 위임하지 않았고 위임할 수도 없다. 대통령 소재지와 같은 관습헌법의 내용을 어떻게 변경할 것인가에 관한 결정권은 국민에게 있으며, 가장 강력하게 보호되어야 할 권리에 해당한다. 대의기관이 중대한 헌법사항에 대하여 직접 권한 행사를 할 수 없다. 민주적 정당성에도 한계가 있다. 따라서 헌법 제130조 국민투표로 청와대 이전 결정이 나면 비로소 대통령은 국민의 의사에 근거하여 이전할 수 있을 뿐이다.

02 헌법소원 소장을 작성하다

　대통령의 소재지 변경은 수도 서울 이전의 경우와 본질이 같다는 점에서 신행정수도특별법 헌법소원 사건(2004헌마554)은 많은 시사점을 주었다. 아마도 당시 헌법재판소는 향후 이러한 사태가 벌어질 것에 대비하여 결정문에 자세하게 다루었던 것같다. 천우신조였다. 크게 고민할 것도 없이 조금만 보완하면 청와대 이전 문제에도 그대로 적용할 수 있는 사안이었다. 청와대 이전 문제가 발 빠르게 진행되고 있어 헌법소원심판 청구서 작성을 담당할 변호사를 선임하려고 몇 군데 알아보았는데 모두 사절하였다. 변호사 선임이 쉽지 않은 이유는 우파진영은 청와대 이전 찬성분위기여서 선뜻 나서지 않기 때문이었다. 우파진영에서 말을 꺼냈다가는 분탕자로 낙인찍히기 쉽겠다는 판단이 들어 민변을 찾아볼까도 했다. 그러나 좌익성향의 사람들과 커넥션이 닿아있을지도 모를 민변은 조심스러웠다. 그러던 중 지인 한 분이 잘 아는 변호사를 추천하여 주셨다. 탈원전과 세월호 사건 등 굵직한 사건에 참여하신 경험이 있는 김기수 변호사로 마침 청와대 이전 문제에 관해 비슷한 고민을 갖고 계셔서 더욱 조합이 잘 맞았다. 김기수 변호사가 소장을 작성하고 법리적으로 정리하여 완성도를 높일 수 있었다. 열심히 증거자료를 보태 소장을 완성하여 신속하게 헌법재판소에 전자접수할 수 있었다. 2022년 4월 11일 헌재사건번호 2022

헌마432로 접수가 완료되었다. 국민주권시대를 여는 도화선이 될 사건으로 국민적 관심을 이끌어 낼 수 있었으면 한다.

03 광화문 광장 시즌2를 막아야

  헌재에 소장을 넣기 전에 청와대 이전 찬반토론회나 세미나를 개최하여 사회적 관심을 끌어모은 뒤 언론이 기사를 다루어 주도록 하는게 필요하다는 의견이 있어 토론회를 4월 21일 개최하고 그 날 전후로 소장을 접수하기로 잠정적으로 정하였다. 그러나 인수위 측과 청와대 측이 공조하여 4월 6일 국무회의에서 예비비 360억원을 승인하는 등 이전 문제가 급물살을 타는 분위기가 되었다. 소장 접수를 빨리 하지 않으면 청와대 이전 예산집행이 많아지게 되고 예산이 많이 집행될수록 이전 반대 운동은 불리해지겠다는 판단이 섰다. 이런 판단은 광화문 광장 공사 때 이미 경험한 바가 있었기 때문이다. 2019년 광화문 광장 재구조화공사의 경우도 나는 공사 진행을 막기 위해서 당시 서울시장 권한대행을 고발까지 했지만 공사 진행이 빠른 속도로 진행되어 예산이 많이 사용된 이유를 들어 보궐선거로 당선된 오세훈 서울시장도 공사를 추인하고 말았다. 대한민국이 온통 불법과 편법이 판치는 공화국이 된 것이다. 예산집행이 되었다고 하여도 법과 원칙이 지켜져야 한다는 규범적 가치는 경제적 가치보다 우월한 가치라고 볼 수 있어서 공사가 재개되었다고 하더라도 원상복구를 했어야 한다. 그렇게 조치했다면 제2, 제3의 광화문 광장 공사같은 일은 엄두도 못내는 문화가 자리잡게 되었을 것이다.

 법치와 상식이 뜯겨져 나가는 광화문 광장을 지나다닐 때마다 위장병이 생길 지경이다. 오세훈 서울시장은 10년 전에 700억을 들여 광화문 광장을 깔끔하게 조성하였다. 그런데 10년 만에 서정협 서울시장 권한대행자가 5개월 후면 새로운 시장이 선출됨에도 불구하고 800억을 들여 멀쩡한 광장을 다시 뜯어내 공사를 개시하도록 승인했다. 서울시민의 동의를 구하지도 않고 엄청난 세금을 들여 졸속으로 강행하였던 광화문 광장 재구조화 공사를 막지 못해 애석하고 분통이 터진다. 이순신 장군 동상과 세종대왕 동상이 좌우 도로 가운데 균형감 있게 자리잡고 대한민국을 상징하는 경복궁과 청와대를 지켜주는 듯한 구도가 익숙했는데 이제 그 모습을 다시 볼 수 없게 되어 안타까운 마음이다. 서정협 서울시장 권한대행을 직권남용으로 고발했던 이유는 무엇보다 세금을 눈 먼 돈처럼 뿌려대는 정치인들과 공무원들에게 경종을 울려주고 싶었기 때문이었다. 당신들 재산 같으면 10년도 안된 멀쩡한 집을 허물고 다시 짓겠다는 고집을 부리겠는지…?! 광화문 광장 공사는 아직도 진행 중인데, 이젠 청와대마저 놀이공원으로 만들겠다니

나라꼴이 말이 아니다. 국민 다수가 반대하는데도 강행하고 있는 청와대 이전 문제를 이제는 국민의 기본권 보장을 위한 최후의 보루 헌법재판소가 제동을 걸어주길 바랄 뿐이다.

04 대통령직 인수에 관한 법률 위반

윤석열 당선인은 대통령에 취임하기 전까지는 헌법상 대통령의 권한을 행사할 수 없다. 대통령당선인은 대통령당선인으로 결정된 때부터 대통령 임기 시작일 전날까지 그 지위를 갖는다(대통령직 인수에 관한 법률 제3조 ①). 대통령당선인의 권한은 이 법에서 정하는 바에 따라 대통령직 인수를 위하여 필요한 권한을 갖는다(동법 ②). 윤석열 대통령 당선인이 대통령 집무실을 서울 용산 국방부 청사로 이전하려는 계획은 인수위원회의 업무 범위를 넘어선다. 대통령직 인수에 관한 법률 제7조[12]는 위원회 업무를 현황파악, 업무준비, 후보자검증, 그 밖에 대통령직 인수에 필요한 사항으로 제한하고 있다. 당선인이 취임하기 전 단계에서 집무실을 이전할 수 있다는 헌법상, 법률상 명시적 규정은 어디에도 없다. 즉

---

12) 1. 정부의 조직·기능 및 예산현황의 파악, 2. 새 정부의 정책기조를 설정하기 위한 준비, 3. 대통령의 취임행사 등 관련 업무의 준비, 4. 대통령당선인의 요청에 따른 국무총리 및 국무위원 후보자에 대한 검증, 5. 그 밖에 대통령직 인수에 필요한 사항

청와대 이전 업무 추진은 인수위법상 대통령직 인수를 위하여 필요한 업무가 아니다. 정권 인수인계를 위한 필요한 사항에 대통령 집무실 이전 계획은 포함될 수 없다. 수도 서울의 핵심인 청와대 이전 같은 국가 중대사 실행이 인수위 업무의 기타사항에 해당할 수 없음도 당연하다. '그 밖에 필요한 사항'은 우선순위와 중요도에 있어서 낮은 단계에 속하는 사안들로 보아야 하기 때문이다. 인수위법이 예정하지 않은 대한민국 정통성과 정체성에 관련되는 중대한 사안을 당선인 개인의 취향에 따라 권한 없이 무리하게 추진하는 것은 법치가 아니다. 집무실 이전은 정권 인수 후 여유를 가지고 심도 있는 연구와 조사를 거쳐 결정되어야 할 헌법사항이다. 광화문 시대를 열겠다는 공약이 용산 이전 계획으로 변경된 것은 애시당초 공약위반에 해당되며 더더군다나 이전 계획은 철회되었어야 한다.

05 용산으로 가면 소통이 잘될까?

대통령 집무실을 용산으로 이전한다는 계획이 발표가 나면서 국방부는 폭탄을 맞은 분위기라는 말이 들린다. 이러한 졸속행정은 더 설명할 필요도 없이 불통의 끝판이다. 문재인 대통령은

2017년 5월 취임 후 바로 집무실을 비서동으로 이전하여[13] 건물 간 거리문제로 인한 청와대 내 소통문제를 5년 전에 이미 개선하였고 북악산 산책로 등도 개방이 확대되어왔다고 한다. 윤석열 당선인측은 사실 확인 없이 부실한 공약으로 국민의 판단을 흐리게 만들어서는 안 된다. 용산과 청와대 가운데 어느 곳이 소통이 더 원활한지는 상대적인 것으로 이런 소통문제조차도 역사적, 정신사적, 헌법적 가치에 비할 바가 아니다. 청와대가 시설 면에서 미비한 부분이 있다면 보완할 문제이지 이전할 문제는 아니다. 소통은 환경보다 의지의 문제다. 윤 당선인이 말하는 '공간이 의식을 지배한다'는 주장이 청와대에 타당한 것인가? 산불재난으로 이재민이 되어 체육관 텐트 속에 쪽잠을 주무시는 분들을 생각하면 공간이 의식을 지배한다는 헛소리는 못할 것이다. 역대 대통령들은 최고의 공간에서 최고의 성과를 내온 자랑스러운 우리의 지도자들이었다. 불통 소리를 들었던 대통령도 나름대로 청와대에서건 어디에서건 국민과의 소통을 하였다고 본다. 특히 소통을 강조하는 윤석열 당선인은 화통한 성격에 다른 대통령들보다 국민과의 소통을 잘할 수 있으리라 믿고 싶다. 그 넓고 최적화 되어있는 청와대 공간을 잘 활용해서 때때로 많은 국민들을 초청하여 격조 높은 일생

---

13) 연합뉴스 (2017. 5. 12.) 文대통령, 본관 아닌 비서동서 업무…"참모들과 소통·토론"
…문재인 대통령은 취임 사흘째인 12일부터 청와대 본관 집무실이 아닌 비서동인 위민관에서 업무를 볼 예정이라고 청와대가 밝혔다.

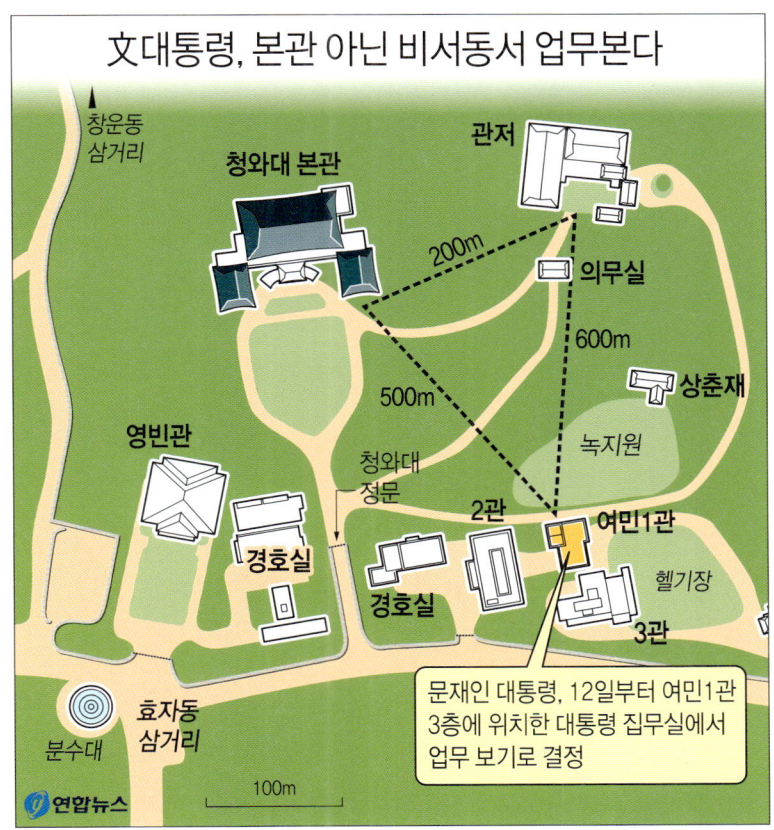

김토일 기자 / 20170512 페이스북 tuney.kr/LeYN1, 트위터 @yonhap_graphics

일대의 추억을 선사해줄 수는 없는지 발상의 전환을 해보시라. 국민은 청와대에 있는 대통령을 보고 싶어 하고 그곳에서 대통령과의 뜻깊은 만남의 기회가 주어진다면 그런 추억을 소중히 여길 것이다. 절약된 예산으로 선물까지 하나씩 손에 들려줄 수 있다면

제3장_ 청와대를 지키자　65

더더욱 그럴 것이다. 대다수 국민은 청와대에서 열심히 일하는 대통령을 보고 싶어 한다.

청와대를 친근하게 누릴 수 있겠다는 생각이 들게 해준 동아일보 송평인 논설위원의 글14)을 일부 소개한다.

"…청와대가 공원이 되지 않아도 그 일대는 충분히 좋다. 경복궁 담벼락을 따라 청와대 정문 앞까지 올라갔다가 내려오는 길은 서울 최고의 산책길 중 하나다. 성곽길을 따라 청와대 뒤편 북악산으로 오르는 길도 잘 조성돼 있어 굳이 경복궁역에서 출발해 청와대를 통해 올라갈 필요도 없다.

궁의 뒤편은 가까이 하고 싶지 않은 공간이다. 경복궁에서 북악산으로 이어지는, 자칫 흉흉해질 수 있는 공간에 사람 사는 활력을 불어넣는 곳이 24시간 불 켜진 청와대다. 그곳을 비워 공원으로 만드는 게 좋은 것인지 의문이다.

…10년 전 "청와대를 국민에게 돌려주겠다"고 말하고 5년 전 광화문 시대를 추진한 원조는 문 대통령이다. 광화문 시대는 문 대통령도, 윤 당

---

14) 동아일보 (2022. 3. 23.) [송평인 칼럼] 누가 청와대를 돌려달라고 했나

선인도 실패했다. 당초 천혜의 길지를 두고 광화문으로 간다는 구상 자체가 잘못된 것이었고 그 잘못된 구상이 다시 용산으로 간다는 더 잘못된 구상으로 이어졌다…"

06 민주적 정당성 결여

　민주적 정당성이란 국가기관의 구성과 통치권 행사가 국민의 의사에 근거해야 한다는 원리이다. 헌법 제1조 제2항은 "대한민국의 주권은 국민에게 있고, 모든 권력은 국민으로부터 나온다"라고 하여 국민주권원리를 명시적으로 규정한다. 국민은 국가기관을 통해서 국가권력을 행사한다. 선거로 선출된 윤석열 당선인은 대통령으로서의 권한행사에 민주적 정당성을 확보하였다고 볼 수 있다. 그러나 민주적 정당성의 효과는 대의기관의 권한 내에서 작용할 뿐 주권자 국민의 고유권한에는 미치지 못한다. 국가기관이 국가권력을 행사할 때에 민주적 정당성이 인정되어야 국민이 국가기관을 통해서 국가권력을 행사한 것으로 간주되고, 국민이 국가기관의 결정에 구속되는 것을 정당화한다. 민주적 정당성은 권력이 행하는 지배의 단순한 수용이 아니라 지배가 정당한가의 문제이다.

　부정선거 논란은 논외로 하고, 윤 당선인은 대통령선거에서 투표자 과반수의 득표를 얻지 못하였다는 점에서 민주적 정당성은 취약할 수밖에 없다. 윤 당선인도 국민이 동의했기 때문에 대통령 집무실을 옮긴다고 했는데 대통령 선거를 국민투표로 볼 수 있는가? 만일 국민투표로 인정한다손 치더라도 헌법 제130조는 과반수 투표에 과반수 찬성이 통과요건이므로 48.56% 득표율[15]로 봐서는 과반수 득표가 안 되었기 때문에 사실상 부결된 것이다. 또한 대통령 소재지 이전 공약은 여러 공약 중에 하나에 불과하며, 여성가족부 해체공약도 취임 후로 미루면서 여성가족부 장관을 임명한 것을 보면 윤 당선인의 그 많은 공약이 다 지켜지지 않을 것이라는 냉정한 현실을 국민은 이미 경험상 알고 있기에 민주적 정당성은 더욱 취약해질 수밖에 없다. 게다가 광화문 시대라는 공약은 실효성이 없어져서 무효인 공약이 되었다. 국민은 청와대를 돌려달라고 요구한 사실이 없다. 청와대가 국민에게 돌려줄 수 있는 당선인의 소유물도 아니다. 스스로 한 약속도 용산시대가 아닌 광화문시대였다. 국민과의 약속은 당선인 본인의 일방적 주장일 뿐 국민은 약속을 맺은 적이 없다. 대부분 국민들은 선거철이 되면 대통령들마다 이전공약을 내세워서 큰 의미를 두지 않고 이벤트성으로 지켜보는 정도였다. 이렇게 민주적 정당성이 취약하다 못해

---

15) 중앙선거관리위원회, 제20대 대선 득표율 윤석열 48.56%, 이재명 47.83% (득표율 격차 0.73%p, 247,077표 차이) 2022. 3. 10.

무효가 된 공약을 결행한다면 이것은 국민의 의사가 전혀 반영되지 않은 채로 결행하려는 것으로서 재량권의 남용·일탈을 넘어 국민주권주의를 유린하는 행위이다.

07 여론조사 결과는 이전 반대가 많음

청와대 청원은 반대가 압도적 다수이다. 청와대 이전 문제와 관련해서 2022년 4월 14일 기준 40여 건의 청와대 청원이 올라와 있는데 이중 이전 찬성이 3건 178,309명, 이전 반대가 37건 1,163,896명이다. 청원 내용 면면을 읽어보면 국민들의 애국심이 구구절절 느껴지면서 한 분 한 분의 의견을 소중히 받아들이라고 윤 당선인의 귀에 큰 소리로 외치고 싶은 심정이다. 3월 9일 대선 이후 불과 11일 만에 윤 당선인은 용산 이전을 공식 발표했는데, 3월 20일 전후 실시한 3개의 여론조사 결과는 반대가 더 많았다. 결론적으로 국민의 현실의사는 윤 당선인의 뜻과 반대였다. 그럼에도 반대하는 의견을 경청하지 아니하고 무시하는 행태는 국민을 주권자로 인정하지 않겠다는 횡포가 아닐 수 없다. 청와대가 구중궁궐로 느껴져서 들어갈 수 없다는 개인적인 사정은 청와대 이전의 합리적 이유가 될 수 없다. 느낌을 바꾸려는 노력도 해보지 않고 경솔하게 이전했다가 이전한 장소도 느낌이 안 좋으면 그때도 다시 옮기겠다고 할 것인가? 윤석열 당선인은 자신의 고집을 내려놓고 국민들의 간절한 소망을 들어야 한다. 그것이 국민과의 소통이며 국민을 위해 봉사하는 공직자의 자세이다. 그러면 윤석열 당선인이 추진할 일들에 더 많은 국민들이 진정어린 마음으로 응원을 보낼 수 있을 것이다.

08 터가 안 좋다? 비선실세? 간첩과 도청?

나무가 좋은지 여부는 열매를 보면 알 수 있다. 대한민국의 번영의 결실은 그 원동력인 청와대가 있었기 때문이다. 따라서 청와대는 터를 논할 필요조차 없는 훌륭한 곳이다. '청와대 터가 안 좋다', '절대권력의 상징이다' 등 부정적인 내용들이 청와대 이전의 명분으로 거론되고 있으나 이것은 거짓말이다. 청와대를 그렇게 부정적으로 생각해서는 안 된다. 청와대는 오늘날 자랑스러운 대한민국이 있게 한 기적의 땅이다. 우리의 지도자들이 머물렀던 청와대는 '대한민국 성장의 심장부'라고 긍정적으로 평가해야 한다. 역술인들은 이런 저런 풍수지리를 말하지만, 확실히 해둘 것은 청와대는 하나님께서 조선왕조에 이어 대한민국을 출발시키신 터이다. 대한민국은 하나님이 세우신 나라이고 '하느님이 보우하사 우리나라 만세'라는 애국가 가사처럼 풍수지리와 무관하게 발전해온 나라이다. 역술인을 의지하지 말고 하나님을 의지하는 지도자가 되기를 간절히 바란다.

통치권 행사가 국민의 의사에 근거하지 않고 역술인 등에 의해서 이뤄지고 있다면 이것은 헌법시스템이 아닌 비선실세에 의한 국정운영에 해당한다. 비선조직은 헌법이 예정하지 않은 조직이며 이러한 사적 조직에 의해서 국정이 운영되는 것을 국정농단이라고 한다. 비선관여는 대통령제 헌법 하에서 예정하지 않는 비정상적 행태에 속하며 제왕적 대통령이 취하는 통치형태의 한 예이다. 청와대 이전 동기가 무속과 역술에 근거한다는 소문이 확산되고 있는데 만일 사실이라면 청와대 이전 계획은 민주적 정당성이 전혀 없을 뿐만 아니라 근본부터가 잘못된 것이다. 청와대 내 간첩이 암약하고 있다거나 도청장치가 설치되어 있다는 주장은 증거를 제시하기 전에는 전혀 설득력이 없다. 도청장치는 찾아내 제거할 사안이고 암약하는 프락치들은 건국전후사 시기의 숙군작업처럼 색출하여 처벌할 사안이다. 근거 없는 소문으로 여론을 조작하는 것은 아닌지 심히 우려된다. 국가의 최고헌법기관 청와대 이전은 국방부, 합참 등 다른 국가기관들의 연쇄적 이전을 초래한다. 이 경우 따라오는 비용과 불편 그리고 민폐를 고려한다면 과잉피난이 아닐 수 없다. 무모한 행위는 피해야 한다.

09 신행정수도특별법 위헌 사례 참고하기

 2002. 9. 30. 새천년민주당의 대통령후보 노무현은 선거공약으로 '수도권 집중 억제와 낙후된 지역경제를 해결하기 위해 청와대와 정부부처를 충청권으로 옮기겠다'는 행정수도 이전 계획을 발표하였다. 2002. 12. 19. 실시된 제16대 대통령선거에서 노무현 후보가 당선되었고, 2003. 4. 신행정수도건설추진기획단등의구성및운영에관한규정(2003. 4. 17. 대통령령 제17967호)이 제정되고 이에 근거하여 청와대 산하에 신행정수도건설추진기획단이, 건설교통부 산하에 신행정수도건설추진지원단이 각각 발족되어, 이들이 신행정수도 건설에 관한 정책입안, 후보지역 조사 등의 업무를 수행하였다.

 2003. 10. 정부는 신행정수도건설특별법안을 제안하였고, 2003. 12. 29. 국회 본회의는 이 법안을 투표의원 194인 중 찬성 167인으로 통과시켰으며(반대 13인, 기권 14인), 2004. 1. 16. 신행정수도건설특별법은 법률 제7062호로 공포되었고 부칙 규정에 따라 그로부터 3개월 후부터 시행되었다. 위 법은 수도권 집중의 부작용을 시정하고 국가의 균형발전과 국가경쟁력 강화를 목적으로 행정수도를 충청권 지역으로 이전할 것을 규정하면서, 국무총리와 일반인을 공동위원장으로 하는 신행정수도건설추진위원회를

대통령 소속으로 설치하고, 건설교통부장관이 관리·운용하는 특별회계를 신설하며, 난개발과 부동산투기 등을 방지하기 위한 규정 등으로 구성되어 있었다.

위 법 시행 후 2004. 5. 21. 신행정수도건설추진위원회가 발족되었으며, 2004. 7. 21. 위 위원회는 제5차 회의에서 주요 국가기관 중 중앙행정기관 18부 4처 3청(73개 기관)을 신행정수도로 이전하고, 국회 등 헌법기관은 자체적인 이전 요청이 있을 때 국회의 동의를 구하기로 심의·의결하였다. 한편 2004. 8. 11. 위 위원회는 제6차 회의에서 '연기·공주 지역'을 신행정수도 입지로 확정하였다.

노무현 정부가 수도 이전 공약을 실현하는 과정을 들여다보면 윤석열 정부가 청와대 이전을 다루는 것과는 확연한 차이가 있어 보인다. 노무현 정부가 밟았던 프로세스를 정리해 보면 ①선거공약 → ②계획수립 → ③대통령령 제정 → ④추진기획단 발족 → ⑤정책입안 → ⑥현장조사업무 → ⑦신행정수도특별법 제정 → ⑧추진위원회 설치 및 발족 → ⑨특별회계 신설 → ⑩신행정수도 입지 확정 등의 절차를 단계적으로 추진하였다. 법적 근거와 예산 확보 문제까지 빠뜨리지 않았다.

윤석열 정부는 노무현 정부가 밟았던 여러 절차를 생략하였다.

법적 근거 없는 공약 추진은 위법이다. 그래서 청와대 이전이 졸속이라는 말이 나오고 있다. 대통령 소재지 이전을 하려면 대통령령을 제정하여 TF 등의 이전 조사업무를 완료하기까지 법적 근거를 마련해야 하고, 노무현 정부의 신행정수도특별법과 같이 대통령소재지이전특별법을 제정하여 법률에 근거하여 단계적으로 절차를 밟았어야 한다. 헌법과 법률 어디에도 근거가 없이 대통령 소재지를 이전하는 절차를 윤 당선인이 자의적으로 결정하고 추진한 것은 헌법상 대통령의 권한 범위를 넘은 위헌·위법 행위로써 탄핵의 빌미를 줄 수 있다. 대통령에 취임하기도 전에 국민 앞에 독재자로 비춰진 행위에 대하여 겸손히 대국민 사과로 원만히 해결하여야 5년간 국정수행에 차질이 발생하지 않을 것이다.

수도권 집중의 부작용을 시정하고 국가의 균형발전과 국가경쟁력 강화를 목적으로 수도를 이전하겠다며 국회의원들조차 다수가 찬성하였음에도 수도 이전은 왜 좌초되었을까? 그것은 헌법재판소가 수도 이전을 관습헌법으로 보았기 때문이다. 대통령 소재지 이전을 하려면 가장 먼저 국민의 동의를 얻는 개헌을 해야 한다. 개헌이 없는 한 법률제정과 행정행위 등은 대통령 소재지 이전의 효과를 발생시킬 수 없다. 개헌을 통한 국민의 결정이 있은 다음에야 대통령소재지이전특별법 등을 제정하여 법령에 근거하여 단계적으로 후속절차를 밟을 수 있기 때문이다. 당시 헌법재판소 입장을 두 가지 측면에서 정리할 수 있다. 첫째, 수도 이전은 중요한 헌법사항으로서 주권자 국민이 직접 결정해야 하고 대의기관이 결정할 수 없다. 둘째, 균형발전과 국가경쟁력 강화라는 가치보다 서울은 수도라는 공감대적 가치를 상위가치로 중시했다. 헌법재판소는 헌법정신을 수도 이전 사례에 적용할 때와 마찬가지로 청와대 이전 문제에도 동일하게 적용·판단해야 할 것이다. 대통령의 소재지 설정은 관습헌법이고 소재지 이전을 위해서는 개헌을 해야 한다는 것과, 용산으로 이전하였을 때 얻을 수 있다고 보는 국민과의 소통, 관광 등의 가치보다 청와대가 지니는 민족사적 정통성, 공감대적 가치 등이 우월적 가치에 해당한다고 판단할 것으로 믿는다.

10 절차적 정당성 결여

절차적 정당성이란 통치기관의 권한남용을 통제하기 위해 그 통치권 행사의 방법과 과정에서 정당성을 확보해야 한다는 원리이다. 윤석열 당선인은 대통령에 취임하고 나서야 비로소 처리할 수 있는 대통령 소재지 이전과 같은 중요 사안에 대해서 당선인 신분으로서 직권을 남용하여 추진하고 있다. 대통령에 취임하고 난 이후에도 공청회, 청문회, 전문가 연구토론, 이전백서 발간, 청와대 이전에 관한 특별법 제정, 국민투표 등 민주적 의사결정 과정이 필요하다. 특히 대통령 소재지 이전은 관습헌법 개정사항으로서 헌법이 예정하고 있는 절차를 지켜야 한다. 헌법개정은 국회재적의원 과반수 또는 대통령의 발의로 제안된다(헌법 제128조 ①). 제안된 헌법개정안은 대통령이 20일 이상의 기간 이를 공고하여야 한다(헌법 제129조). 국회는 헌법개정안이 공고된 날로부터 60일 이내에 의결하여야 하며, 국회의 의결은 재적의원 3분의 2 이상의 찬성을 얻어야 한다(헌법 제130조 ①). 헌법개정안은 국회가 의결한 후 30일 이내에 국민투표에 붙여 국회의원선거권자 과반수의 투표와 투표자 과반수의 찬성을 얻어야 한다(헌법 제130조 ②). 헌법개정안이 제130조 제2항의 찬성을 얻은 때에는 헌법 개정은 확정되며, 대통령은 즉시 이를 공포하여야 한다(헌법 제130조 ③). 이와 같이 헌법이 정한 절차를 밟지 않고 이루어지는 대통령 소재지 이전은 위헌이다. 승인해 준 360억 예비비가 이사비 명목이라면 국민의 뜻을 묻지 않은 문재인 대통령도 권한남용을 한 것이다.

11 국민투표권 침해

　대통령 소재지 이전은 수도 서울 이전의 경우와 같은 관습헌법 사항으로서 헌법개정절차를 거쳐야 할 수 있다. 따라서 대통령 또는 국회재적의원 과반수의 헌법개정안(대통령 소재지를 용산으로 정한다) 발의로부터 시작되는 개헌절차 없이 당선인의 일방적인 약속과 계획으로 대통령 소재지를 이전하는 행위는 필요적 국민투표권을 침해하여 위헌이다. 윤 당선인이 광화문 시대를 열겠다는 공약을 해놓고 용산으로 이전하는 것은 국민을 기만한 행위로서 효력이 없다고 보아야 한다. 개헌절차를 밟는 경우 국회 의석 다수당에 의해 집무실을 포함한 대통령 소재지 이전이 어려울 수 있는 점을 고려하여 임의적 국민투표[16]를 활용하는 노력이라도 하였더라면 국민은 어느 정도 수긍할 수 있었을지 모른다. 그렇게 하였다고 하더라도 우리 헌법은 관습헌법사항은 헌법개정권력의 전속적인 권한으로 규정하고 있다. 따라서 헌법개정권력보다 하위권력인 대의기관(대통령, 국회의원)이 헌법개정절차를 배제하고 대통령의 소재지를 이전하는 것은 헌법 제130조에 규정된 국민투표권 침해이다. 우리나라는 헌법개정을 너무 무거운 주제로 다루어

---

16) 대통령은 필요하다고 인정할 때에는 외교·국방·통일 기타 국가안위에 관한 중요정책을 국민투표에 붙일 수 있다(헌법 제72조).

서인지 여간해서는 개헌이 어렵다. 그 이유는 여러 무거운 주제를 한꺼번에 다루려고 하기 때문이다. 청와대 이전의 이슈와 같이 단일 사안만을 놓고 개헌논의를 하면 국민에게 헌법의 생활화를 가져올 수 있고 불필요한 소모전을 막을 수 있으며 결과에 승복할 수 있게 된다. 개헌논의 → 국회의결 → 국민투표라는 절차를 거치되 각종 선거 때 국민투표를 함께 실시하면 이번 졸속 청와대 이전 계획같은 위헌적인 결과를 줄일 수 있다고 본다.

헌법 제72조의 국민투표권은 대통령이 필요하다고 판단한 때 외교·국방·통일 기타 국가안위에 관한 중요 정책을 국민투표에 붙일 수 있으며, 이를 국민투표에 붙이지 않는 경우 국민이 해당 정책을 국민투표에 붙이도록 요구할 권리를 포함한다. 헌법 제72조는 국민의 국민투표요구권을 포함하는 조항이라 할 수 있다. 국민투표의 대상이 되는 '외교·국방·통일 기타 국가안위에 관한 중요 정책'은 헌법사항인지 여부와는 상관없다. 핵심 군사안보 시설인 청와대 이전에 관한 의사결정은 헌법 제72조가 정한 '외교·국방·통일 기타 국가안위에 관한 정책'에 해당한다. 따라서 국민의 뜻을 확인하기 위해서 헌법개정과는 무관하게 헌법 제72조가 정한 재량적 국민투표에 붙여 볼 여지도 있다. 그러나 헌법재판소의 결정 판례에 따르면 대통령 소재지 위치 설정은 핵심적 헌법사항으로 결국 헌법 제130조의 개정 절차를 밟아야 한다.

12 윤석열 당선인의 기본권보장의무

청와대가 해체되면 청와대 경호처와 지하벙커에 있는 위기관리센터의 고가 장비나 첨단 시스템은 다 무력화된다고 한다. 연내 용산공원 조성에 관하여 미군이 기지를 반환하면 바로 연말까지 용산공원이 조성된다는 게 인수위 측 주장이지만, 미군기지 환경오염에 관해선 아직 조사조차 없다고 한다. 청와대 이전으로 건축 고도를 제한하게 되면 용산지역 재개발 재건축에 차질이 발생하여 재산권 침해가 발생할 수 있다고 한다. 군사 전문가들은 용산으로 이전시 청와대 기준 8km 비행금지구역을 4km로 줄일 수 있으며 이 경우 레이다 방공기술이 발전했어도 비행기·드론 공격에 대처하기가 어렵다고 예상하고 있으며, 국방부와 합참 등 연쇄적으로 1만명 가까이 이동하게 된다고 하는데 이 경우 예상치 못한 상황과 비용이 발생할 수 있다고 우려하고 있다. 청와대가 용산으로 이전하면 국방부와 합참 등 연쇄적으로 1만 명 정도가 이동하게 되며 이 경우 천문학적 비용이 발생된다고 한다. 헌법 제10조는 "모든 국민은 인간으로서의 존엄과 가치를 가지며, 행복을 추구할 권리를 가진다. 국가는 개인이 가지는 불가침의 기본적 인권을 확인하고 이를 보장할 의무를 진다"라고 규정하고 있다. 이 규정은 주권자가 하위권력인 국가권력에 대하여 기본권을 확인하고 보장하라고 내린 결단에 해당한다. 국민의 기본권보장이야말로 국가권력의 존재 목적이다. 모든 국가권력은 기본권을 침해하여서는 안 됨은 물론 기본권보장을 위하여 적극적·능동적으로 봉사하여야 한다. 따라서 국가권력은 자기목적적이 될 수 없고 국민의 기본권에 기속되는 지위에 있으며 기본권은 국가권력을 직접 구속한다. 윤석열 당선인이 국민으로부터 인정을 받으려면 먼저 국민의 생명과 재산을 안전하게 보호하고 국민을 섬기는 자세를 보여야 한다. 지금 보여주는 행태로 봐서는 국민에 대한 갑질이 아닐 수 없다. 진정으로 국민을 섬기는 행위인지 국민과 소통을 통해 확인해 보기 바란다. 청와대 이전 결정을 하기 위하여 헌법 제130조 국민투표권을 반드시 보장하는 것이 국민을 섬기는 한 예이다.

13 통치행위도 사법심사 대상

헌법재판소는 "비록 고도의 정치적 결단으로 행하여지는 국가작용이라고 하더라도 그것이 국민의 기본권침해와 직접 관련되는 경우에는 당연히 헌법재판소의 심판대상이 될 수 있다"고 결정함으로써 통치행위가 기본권에 구속됨을 인정하고 있다. 이번 청와대 이전 사안은 종전 신행정수도특별법 위헌확인 결정사건(2004헌마554)과 본질상 동일하여 어렵지 않게 위헌결정에 이를 수 있다고 확신한다. 헌법재판소는 이번 사태를 어떠한 정치적 고려 없이 헌법에만 기속되어, 청와대 이전을 놓고 다시 한 번 좌충우돌 하는 대한민국의 현실이 국민에 대한 회복 불가능한 기본권침해로 이어지지 않도록 신속하게 판단함으로써 역사적 소임을 다하여 줄 것을 촉구한다.

14 청와대 이전 계획을 반대하는 10가지 이유

① 정당성 측면에서 대통령 소재지 이전은 헌법사항으로서 개헌이 요구된다. 따라서 주권자의 동의 없는 청와대 이전 행위는 국민투표권을 침해하여 위헌무효이다. 국가적 중대사에 해당되는 개헌사항은 대통령과 국회 등 대의기관이 아닌 주권자 국민만이 결정할 수 있다.

② 기본권 보장 측면에서 국민투표권, 선거권, 행복추구권, 평등권, 재산권, 청원권, 열거되지 않은 기본권 등 기본권 침해가 발생한다.

③ 헌법원리 측면에서 법치국가의 원리, 헌법이념, 공직자의 사명 등에 위반된다.

④ 권력구조 측면에서 대통령제의 상징인 청와대를 해체하는 것은 대통령의 권한 약화와 의원내각제로 가는 포석이 될 수 있다.

⑤ 역사·문화·사상적 측면에서 역대 대통령 격하, 전통의 폐기, 역사의식 저하 및 용산은 4대문 밖이고, 국방부 청사는 상징성이 부족하며, 대한민국 정통성과 정체성 약화, 구심점 결여, 부정적 마인드가 확산된다.
⑥ 정치적 측면에서 5년마다 이전할 수 있는 안 좋은 선례가 되며, 하위기관에 대한 갑질이고, 민주적 의사결정 과정이 생략되었다.
⑦ 국가안보적 측면에서 안보공백 우려, 안보위협 가중, 안보자산 손실이 발생한다.
⑧ 경제적 측면에서 국가 브랜드가치 저해, 국가예산 낭비가 발생한다.
⑨ 사회적 측면에서 시민 불편 야기, 모든 교과서와 기록문서 개정 등 혼란 야기, 국방부와 불편한 동거, 도덕적 비난, 여론 무시, 강자의 횡포, 목적이 수단을 정당화하는 독선적 풍조가 우려된다.
⑩ 외교적 측면에서 국격 저하, 외빈접대 장소 부실화 등을 초래한다.

15 글을 마무리하면서

　지금까지 청와대 졸속 이전은 역사적 관점에서는 정통성을, 헌법적 관점에서는 국민주권을 침해한다는 논리를 전개했다. 이러한 근거있는 주장에도 불구하고 이 책이 우파진영에서 매도당하지 않을까 염려도 된다. 하지만 이런 리스크에도 불구하고 정의와 진실에 눈 감을 수는 없었다. 청와대 이전 반대 운동은 결국 대한민국을 위한 것임을 비판자들도 알게 될 것이라는 믿음이 내게는 있다. 역대 대통령들이 모두 제왕적 대통령이고 절대권력자들이었다는 말인가? 청와대 환경이 궁궐같다고 절대권력자로 인식하여서는 안 된다. 청와대는 우리 국민과 외빈들이 모두 함께 누리는 품격있는 장소이다. 청와대를 해체한다는 명분과 해체해야 할 이유가 없는 현실은 너무나 차이가 있다. 국민을 위한다는 허울 좋은 명분을 내세워 무조건 청와대를 해체하겠다는 윤 당선인의 고집과 독단은 해체를 원하지도 않고 졸속으로 그래야 할 이유도 전혀 느끼지 못하는 대다수 국민들의 현실의사를 철저히 무시하고 있다. 윤 당선인 지지자들과 국민의힘당은 이런 무리한 처사에 대하여 왜 단 한마디도 비판하지 않으며 맹종하고 있는가? 그동안 나조차도 진영에 갇혀서 진정 옳은 것이 무엇인지를 잊고 있었던 것은 아닌지 반성하게 된다. 청와대 이전 문제는 여야가 하나가 될 수 있다는 신념을 갖게 하는 계기가 되었다. 대한민국 체제를 허물려고 하는 극소수 좌익세력을 제외하고는 우리는 대한민국 국민이고 서로 의지하는 대상이지 투쟁의 대상이 아니라는 너무나도 당연한 진리를 깨닫게 해주었다. 서양 선교사들이 이 땅에 들어와 몸소 행동으로 가르쳐준 '크고자 하거든 남을 섬기라'는 성서의 진리는 오늘 우리 정치인들이 품어야 할 새로운 가치가 되어야 한다. 정치권에 만연한 내로남불은 국민이 정치를 혐오하게 만들었다. 불신을 갖게 만드는 현상은 여야가 따로 없는 것 같고 국민을 핑계 삼아 자기이익 추구에 주저함이 없는 정치인들의 수준은 국민을 근심하게 만들고 있다. 겸손하면서 덕망있고 통찰력이 빛나는 의로운 지도자가 그리운 이 나라이다.

공정과 상식을 삶의 지표로 삼고 실천하는 사람들이 대한민국을 바로 세우기를 희망한다. 지금까지 반역적, 반법치, 부정부패 세력들이 기생하여서 대한민국이 올바른 방향으로 가지 못하고 있다. 풀어야 할 난제들을 풀지 못하고 있다. 이제 국가 정상화를 국민과 약속한 윤석열 정부에게 기회가 왔다. 과연 윤석열 정부는 해낼 수 있을 것인가? 그러려면 먼저 해야 할 일이 있다.

윤석열 대통령 당선인은 헌법재판소 결정과 관계없이 즉시 청와대 이전 계획을 철회하여 국정을 책임질 지도자로서 국민에 대한 올바른 자세를 보여주어야 한다.

헌법재판소는 대통령 소재지는 관습헌법임을 들어 청와대 이전 계획이 위헌임을 신속하게 확인하는 결정을 함으로써 국가권력이 헌법개정권력의 국민투표권을 침해하는 돌이킬 수 없는 과오를 범하지 않도록 하고 최종적으로 대한민국의 주권은 국민에게 있음을 명확히 하여 국민의 승리가 될 수 있도록 해야 한다.

제4장

헌법소원심판청구서

대통령 취임선서

대통령은 취임에 즈음하여 다음의 선서를 한다.

"나는 헌법을 준수하고 국가를 보위하며 조국의 평화적 통일과 국민의 자유와 복리의 증진 및 민족문화의 창달에 노력하여 대통령으로서의 직책을 성실히 수행할 것을 국민 앞에 엄숙히 선서합니다."

(헌법 제69조)

국회의원 취임선서

의원은 임기 초에 국회에서 다음의 선서를 한다.

"나는 헌법을 준수하고 국민의 자유와 복리의 증진 및 조국의 평화적 통일을 위하여 노력하며, 국가이익을 우선으로 하여 국회의원의 직무를 양심에 따라 성실히 수행할 것을 국민 앞에 엄숙히 선서합니다."

(국회법 제24조)

법관 취임선서

법관은 취임할 때에 대법원장 앞에서 다음과 같이 선서하여야 한다.

"본인은 법관으로서, 헌법과 법률에 의하여 양심에 따라 공정하게 심판하고, 법관윤리강령을 준수하며, 국민에게 봉사하는 마음가짐으로 직무를 성실히 수행할 것을 엄숙히 선서합니다."

(법원공무원규칙 제69조)

헌법소원심판청구서

사 건   청와대이전 계획위헌확인
청 구 인   전민정 외 3명

위 청구인의 대리인 변호사 김 기 수

청구취지

대한민국 제20대 대통령선거 대통령당선인이 2022. 3. 20. 청와대를 국방부로 이전하기로 한 결정은 위헌임을 확인한다.
라는 결정을 구합니다.

침해의 원인

대한민국 제20대 대통령선거 대통령당선인이 2022. 3. 20. 청와대를 국방부로 이전하기로 결정한 권력적 사실행위

침해된 헌법원리

1. 국민주권의 원리(헌법개정안과 국가안위에 관한 중요정책에 대한 국민투표권)
2. 자유민주주의 원리(민주적 선거제도)
3. 문화국가의 원리(전통문화의 계승발전과 민족문화의 창달)
4. 법치국가의 원리(권력분립, 행정의 합법률성과 사법적 통제, 공권력행사의 예측가능성과 신뢰보호의 원칙)
5. 평화국가의 원리(국민의 안전과 자유와 행복)

침해된 기본권

행복추구권(제10조), 재산권(제23조), 청원권(제26조), 중요정책 국민투표권(제72조), 헌법개정안 국민투표권(제130조), 헌법상 열거되지 않은 기본권(제37조 제1항)

청구이유

1. 청구인적격 및 위헌심판청구대상

대한민국 제20대 대통령선거 대통령당선인 윤석열은 2022. 3. 20. 청와대를 국방부로 이전하기로 단독 결정하고 이를 국민들에게 기자회견을 통해 공포하였습니다.

공직선거법에 의하여 대통령선거에 당선된 '대통령당선인'[1]은 대통령직인수에관한법률 제3조에 따라 대통령당선인은 대통령당선인으로 결정된 때부터 대통령 임기 시작일 전날까지 그 지위를

---

1) "대통령당선인"이란 「대한민국헌법」 제67조와 「공직선거법」 제187조에 따라 당선인으로 결정된 사람을 말한다.
  (출처 : 대통령직 인수에 관한 법률 타법개정 2017. 7. 26. [법률 제14839호, 시행 2017. 7. 26.] 행정안전부 〉 종합법률정보 법령)

가지며, 대통령당선인은 동법에서 정하는 바에 따라 대통령직 인수를 위하여 필요한 권한을 가집니다.

여기서 대통령당선인이 대통령직인수에관한법률에 의해 가지는 권한은 **첫째, 국무총리후보자지명이며, 둘째는 대통령직인수위원회의 구성**권한입니다.

위 2가지 권한이외에 헌법상 대통령의 권한은 대통령당선자의 임기가 개시되기 전까지는 현직 대통령에게 있고, 대통령당선자의 권한에는 속하지 않습니다. 또한 대통령당선인은 대통령직 인수에 필요한 사항에 대해서만 권한을 가지고 있을 뿐이며, 대통령 취임 이후에 대통령으로서 행사할 수 있는 권한을 미리 행사할 수는 없습니다.

대통령당선인이 된 직후 설치되는 대통령직인수위원회는 당해 대통령당선인의 임기개시후 30일까지만 존속하는 한시적 위원회로서 그 권한은 동법 제7조가 아래와 같이 규정하고 있습니다.

1. 정부의 조직·기능 및 예산현황의 파악
2. 새 정부의 정책기조를 설정하기 위한 준비
3. 대통령의 취임행사 등 관련 업무의 준비

4. 대통령당선인의 요청에 따른 국무총리 및 국무위원 후보자에 대한 검증
   5. 그 밖에 대통령직 인수에 필요한 사항

   동법 제7조 제5호 '그 밖에 대통령직 인수에 필요한 사항'에는 청와대이전업무가 포함되어 있다고 볼 아무런 근거도 없습니다.

   대한민국은 대통령제 국가로서, 국가원수로서의 대통령의 집무실은 건국이래 청와대였습니다. 청와대는 대한민국의 수도가 서울인 것처럼, 대한민국 국가원수의 집무실로서 이는 관습헌법이거나 헌법적 관습에 속합니다.

   가사, 관습헌법에 속하지 않는다고 하더라도 청와대의 이전은 수도 서울의 이전과 버금가는 중요한 국가정책에 해당됩니다.

   대통령당선인으로서는 선거공약을 이행하려면 대통령의 임기 개시 후 국무총리의 제청을 받아 행정각부의 장을 임명하고 국무회의를 구성한 후, '청와대이전공약'에 구체적 실천방안에 대하여 국무회의의 심의를 거쳐 확정한 후, 청와대 이전에 새로운 법률의 제정, 폐지, 개정이 필요하거나 재정적 뒷받침이 필요한 경우 이를 국회에 법률안을 제출하고, 재정에 대한 예산안을 국회에 제출

하거나 추가경정예산을 편성해야 됩니다.

대통령당선인의 신분에서는 자신의 '선거공약'을 인수위원회를 통하여 미리 실현할 수 없습니다.

대통령직인수위원회는 대통령직인수에 필요한 범위 내에서의 예산을 받아 대통령직인수에 필요한 업무에 사용되어야 하지 대통령직인수업무와 무관한 청와대이전과 같은 업무를 수행하고, 대통령직인수업무를 위하여 배정된 예산을 전용할 수는 없습니다. 이러한 예산전용행위는 대통령직인수에관한법률위반이기도 하지만 대통령직인수업무에 크나큰 지장을 초래할 것이 명백합니다.

청와대는 국가원수, 국군통수권자인 대통령의 집무실로서 중요한 군사시설에 속합니다. 따라서 청와대이전은 헌법 제89조 국무회의 심의사항인 '군사에 관한 중요사항'에 속합니다.

이러한 **국법상의 중요한 행위를 대통령임기도 개시되지 아니한 상태에서, 대통령당선인 혼자의 '결단'에 의하여 결정되고 집행된다면,** 이는 국민이 국회의원이나 대통령과 같은 국민대표기관을 선임하는 민주적 선거제도를 본질적으로 침해하는 것입니다.

다시 말하자면 자유민주주의의 구현원리인 민주적 선거제도의 본질적인 기능인 평화적인 **민주질서형성기능**, 평화적 **정부교체기능**, 평화적 **정부구성기능**이 훼손되게 됩니다.

대통령집무실이 청와대라는 사실은 관습헌법 또는 이에 미치지 못하더라도 국가의 중요한 외교, 안보, 국방에 매우 중요한 정책에 속하고, 이러한 관습헌법 또는 중요한 정책의 변경은 대통령의 국법상 행위로서 국무회의의 심의를 거쳐 행정각부의 장이 부서한 문서로서 해야될 일이지 일개 기자회견으로 발표할 일이 아닙니다.

그럼에도 불구하고 윤석열 대통령당선인은 2022. 3. 20. 기자회견을 개최하고 직접 장시간 청와대의 국방부로의 이전 계획을 국민들에게 직접 공포하였습니다.

헌법재판소법 제68조는 '공권력의 행사 또는 불행사로 인하여 헌법상 보장된 기본권을 침해받은 자는 법원의 재판을 제외하고는 헌법재판소에 헌법소원심판을 청구할 수 있다'고 규정하고 있습니다.

윤석열 대통령당선인의 위 기자회견은 **대통령당선인으로서 사실상의 강력한 의지표명으로 공권력성이 인정됩니다.**

청와대의 이전을 위하여 문재인 정부에 대하여 예비비를 요구하고 인수위로 하여금 청와대 이전준비를 지시하는 등 구체적으로 대통령당선인의 사실상의 힘을 발휘하고 있습니다.

따라서 청와대 이전은 법률적 행정처분의 성격보다는 사실상의 힘의 발현으로 성격을 가지게 되므로, 대통령당선인의 기자회견은 청와대이전이 개시될 절차의 일부분으로서 대통령당선인 본인의 의지표명자체에 권력적, 사실적 작용의 시원성이 있습니다. 따라서 대통령당선인은 기자회견을 통해 **장차 대통령의 지위에서 가질 권력적 힘을 미리 사실상 표출한 것이므로 일종의 권력적 사실로서의 공권력 행사성이 인정**됩니다.[2]

---

2) 대통령 신임투표를 국민투표에 부치는 행위 위헌확인 등 헌재 2003. 11. 27. 2003헌마694등, 판례집 15-2하, 350
  대통령이 국회 본회의에서 행한 시정연설에서 정책과 결부하지 않고 단순히 대통령의 신임 여부만을 묻는 국민투표를 실시하고자 한다고 밝힌 것이 헌법소원의 대상이 되는 "공권력의 행사"에 해당하는지 여부/
  헌법에 관한 최종적·유권적 해석기관인 헌법재판소의 결정이 있기 전까지는 국회, 대통령, 법원 등의 국가기관은 입법 내지 법집행을 위하여 1차적·잠정적인 헌법해석을 할 수 밖에 없고, 이 경우 각 기관의 헌법해석이 상충할 가능성은 상존한다. 신임투표의 헌법적 허용성에 관하여도 마찬가지이다. 신임투표가 합헌이라는 대통령의 견해와 위헌이라는 국회의 견해가 상충한다고 할 때, 대통령은 ① 국회와의 정치적 타결을 통해 국회의 동의를 얻은 후, 현행 국민투표법이나 개정된 국민투표법에 근거하여 국민투표를 실시하는 방안, ② 국회의 견해를 무시하고 현행 국민투표법에 근거하든(신임투표도 헌법 제72조에 해당한다고 보아), 또는 현행 국민투표법에 근거하지 않고 국민투표의 절차조차도 사실상 형성해가면서(신임투표는 헌법 제72조와는 별개의 합헌적 조치라고 보아) 국민투표를 실시하는 방안, ③ 국민투표를 포기하는 방안의 3가지 방

청구인들은 대통령당선인의 청와대이전결정이라는 권력적 사실행위가 국민주권 등 헌법의 기본원리를 침해하여 각 개인의 행복추구권(제10조), 재산권(제23조), 청원권(제26조), 중요정책 국민투표권(제72조), 헌법개정안 국민투표권(제130조), 헌법상 열거되지 않은 기본권(제37조 제1항)을 직접 침해당하였습니다. 따라서 청구인들은 심판대상행위로 인한 기본권침해를 이유로 이건 청구를 할 당사자적격이 있습니다.

안이 있을 수 있다.
이 중 ②의 경우라면 공고 이전에 대통령의 사실상의 의지표명 행위에 공권력성을 인정할 소지도 있을 것이다. 이 때의 국민투표 실시라는 것은 법에 근거하여 이루어지는 행위로서의 성격보다, 대통령의 사실상의 힘의 발현으로서의 성격을 보다 강하게 띠기 때문이다. 이 경우의 공고행위는 시간과 순서에 따라 실현될 일개 절차에 불과하게 되므로, 대통령의 의지표명 자체에 권력적·사실적 작용의 시원성(始原性이) 있게 되고, 여기에 이미 국민투표 실시라는 사실적 작용과의 의지적 접근성을 인정할 여지도 있는 것이다. 요컨대, 권력적 힘이 사실상 표출된 때에 일종의 권력적 사실로서의 공권력 행사성을 인정할 수도 있을 것이다.

2. 대통령당선인의 '청와대이전결정'은 국민주권의 원리를 훼손하고 청구인들의 국민투표권을 침해하였습니다.

가. 청구인들의 헌법개정안 국민투표권(헌법 제130[3]조)이 침해되었습니다.

1) 청와대가 대통령 집무공간이라는 사실은 관습헌법입니다.

(1) 관습헌법의 성립요건

헌법은 국가의 기본법으로서 간결성과 함축성을 추구하기 때문에 형식적 헌법전에는 기재되지 아니한 사항이라도 이를 불문헌법(不文憲法) 내지 관습헌법으로 인정됩니다. 헌법 제정 당시 자명(自明)하거나 전제(前提)된 사항 및 보편적 헌법원리와 같은 것은 반드시 명문의 규정을 두지 아니하는 경우가 그 예입니다.

---

3) 헌법 제130조
  ② 헌법개정안은 국회가 의결한 후 30일 이내에 국민투표에 붙여 국회의원선거권자 과반수의 투표와 투표자 과반수의 찬성을 얻어야 한다.
  ③ 헌법개정안이 제2항의 찬성을 얻은 때에는 헌법개정은 확정되며, 대통령은 즉시 이를 공포하여야 한다.

국민은 헌법사항을 필요에 따라 관습의 형태로 직접 형성할 수도 있으며, 이는 국민주권이 행사되는 한 측면이기도 합니다.

그러나 헌법사항에 관하여 형성되는 관행 내지 관례가 전부 관습헌법이 되는 것은 아니고 강제력이 있는 헌법규범으로서 인정되려면 엄격한 요건들이 충족되어야만 하는데 이러한 요건이 충족된 관습만이 관습헌법으로서 성문의 헌법과 동일한 법적 효력을 가지며, 관습헌법이 성립되면 성문헌법과 마찬가지로 주권자인 국민의 헌법적 결단의 의사 표현이며 통치권자를 구속하는 헌법으로서의 효력을 가지는 것입니다.

헌법재판소는 수도가 서울인 점이 우리나라의 관습헌법인지 여부에 대한 헌재 2004. 10. 21. 2004헌마554 결정에서 성문헌법체제에서의 관습헌법의 의의와 성립요건을 명확히 설시한 바 있습니다.

2004. 10. 21. 2004헌마554 결정

(가) 우리나라는 성문헌법을 가진 나라로서 기본적으로 우리 헌법전(憲法典)이 헌법의 법원(法源)이 된다. 그러나 성문헌법이라고 하여도 그 속에 모든 헌법사항을 빠짐없이 완전히 규율하는 것은 불가능하고 또한 헌법은 국가의 기본법으로서 간결성과 함축성을 추구하기 때문에 형식적 헌법전에는 기재되지 아니한 사항이라도

이를 불문헌법(不文憲法) 내지 관습헌법으로 인정할 소지가 있다. 특히 헌법 제정 당시 자명(自明)하거나 전제(前提)된 사항 및 보편적 헌법원리와 같은 것은 반드시 명문의 규정을 두지 아니하는 경우도 있다. 그렇다고 해서 헌법사항에 관하여 형성되는 관행 내지 관례가 전부 관습헌법이 되는 것은 아니고 강제력이 있는 헌법규범으로서 인정되려면 엄격한 요건들이 충족되어야만 하며, 이러한 요건이 충족된 관습만이 관습헌법으로서 성문의 헌법과 동일한 법적 효력을 가지는 것이다.

(나) 헌법 제1조 제2항은 '대한민국의 주권은 국민에게 있고, 모든 권력은 국민으로부터 나온다.'고 규정한다. 이와 같이 국민이 대한민국의 주권자이며, 국민은 최고의 헌법제정권력이기 때문에 성문헌법의 제·개정에 참여할 뿐만 아니라 헌법전에 포함되지 아니한 헌법사항을 필요에 따라 관습의 형태로 직접 형성할 수 있는 것이다. 그렇다면 관습헌법도 성문헌법과 마찬가지로 주권자인 국민의 헌법적 결단의 의사의 표현이며 성문헌법과 동등한 효력을 가진다고 보아야 한다. 이와 같이 관습에 의한 헌법적 규범의 생성은 국민주권이 행사되는 한 측면인 것이다. 국민주권주의 또는 민주주의는 성문이든 관습이든 실정법 전체의 정립에의 국민의 참여를 요구한다고 할 것이며, 국민에 의하여 정립된 관습헌법은 입법권자를 구속하며 헌법으로서의 효력을 가진다.

(다) 관습헌법이 성립하기 위하여서는 먼저 관습이 성립하는 사항이 단지 법률로 정할 사항이 아니라 반드시 헌법에 의하여 규율되어 법률에 대하여 효력상 우위를 가져야 할 만큼 헌법적으로 중요한 기본적 사항이 되어야 한다. 일반적으로 실질적인 헌법사항이라고 함은 널리 국가의 조직에 관한 사항이나 국가기관의 권한 구성에 관한 사항 혹은 개인의 국가권력에 대한 지위를 포함하여 말하는 것이지만, 관습헌법은 이와 같은 일반적인 헌법사항에 해당하는 내용 중에서도 특히 국가의 기본적이고 핵심적인 사항으로서 법률에 의하여 규율하는 것이 적합하지 아니한 사항을 대상으로 하는 것이다. 일반적인 헌법사항 중 과연 어디까지가 이러한 기본적이고 핵심적인 헌법사항에 해당하는지 여부는 일반추상적인 기준을 설정하여 재단할 수는 없는 것이고, 개별적 문제사항에서 헌법적 원칙성과 중요성 및 헌법원리를 통하여 평가하는 구체적 판단에 의하여 확정하여야 한다.

(라) 다음으로 관습헌법이 성립하기 위하여서는 관습법의 성립에서 요구되는 일반적 성립 요건이 충족되어야 한다. 이러한 요건으로서 **첫째, 기본적 헌법사항에 관하여 어떠한 관행 내지 관례가 존재하고, 둘째, 그 관행은 국민이 그 존재를 인식하고 사라지지 않을 관행이라고 인정할 만큼 충분한 기간 동안 반복 내지 계속되어야 하며(반복·계속성), 셋째, 관행은 지속성을 가져야 하는 것으로**

서 그 중간에 반대되는 관행이 이루어져서는 아니 되고(항상성), 넷째, 관행은 여러 가지 해석이 가능할 정도로 모호한 것이 아닌 명확한 내용을 가진 것이어야 한다(명료성). 또한 다섯째, 이러한 관행이 헌법관습으로서 국민들의 승인 내지 확신 또는 폭넓은 컨센서스를 얻어 국민이 강제력을 가진다고 믿고 있어야 한다(국민적 합의). 이와 같이 관습헌법의 성립을 인정하기 위해서는 이러한 요건들이 모두 충족되어야 한다.

(2) 청와대를 대통령 직무공간으로 사용한 헌법적 관습이 존재합니다.

한 나라의 수도는 국가권력의 핵심적 사항을 수행하는 국가기관들이 집중 소재하여 정치·행정의 중추적 기능을 실현하고 대외적으로 그 국가를 상징하는 곳을 의미합니다.

또한 국가를 대표하는 대통령의 소재지가 어디인가 하는 것은 수도를 결정하는데 있어서 특히 결정적인 요소가 됩니다.

대통령은 국가원수로서 국가를 대표하고 상징하며 정부의 수반으로서 국가운용의 최고 통치권자이며 국가권력의 중심에 있고 국가의 존재와 특성을 외부적으로 표현하는 중심이 되기 때문에 대통령의 직무공간은 무엇보다 중요한 헌법적 장소가 됩니다. 대통령은 국가의 통일성을 유지하는 대내외적 활동을 하고, 이러한 활동이 수행되는 장소가 바로 한 국가의 수도가 되는 것은 논리필연적인 것입니다.

국가원수인 대통령의 활동의 주무대는 국민정서상의 상징가치를 가지게 되고, 나아가 심리적으로 국민통합, 국가통합의 계기를 이루는 것이므로 그 공간이 존재하는 도시를 '수도'라고 합니다. '서울'에서도 청와대는 한반도의 중심이자 국가 정통성과 국가의 정체성을 상징하는 장소입니다.

헌재는 수도 서울은 관습헌법이라고 밝히면서 결정이유로 '헌법기관의 소재지, 특히 국가를 대표하는 **대통령과 민주주의적 통치원리에 핵심적 역할을 하는 의회의 소재지를 정하는 문제는 국가의 정체성(正體性)을 표현하는 실질적 헌법사항**의 하나이다. 여기서 국가의 정체성이란 국가의 정서적 통일의 원천으로서 그 국민의 역사와 경험, 문화와 정치 및 경제, 그 권력구조나 정신적 상징 등이 종합적으로 표출됨으로써 형성되는 국가적 특성이라 할 수 있다. 수도를 설정하는 것 이외에도 국명(國名)을 정하는 것, 우리말을 국어(國語)로 하고 우리글을 한글로 하는 것, 영토를 획정하고 국가주권의 소재를 밝히는 것 등이 국가의 정체성에 관한 기본적 헌법사항이 된다고 할 것이다. 수도를 설정하거나 이전하는 것은 국회와 대통령 등 최고 헌법기관들의 위치를 설정하여 국가조직의 근간을 장소적으로 배치하는 것으로서, **국가생활에 관한 국민의 근본적 결단임과 동시에 국가를 구성하는 기반이 되는 핵심적 헌법사항**에 속하는 것이다. 이와 같이 수도의 문제는 내용적으로 헌법사항에 속하는 것이며 그것도 **국가의 정체성과 기본적 조직 구성에 관한 중요하고 기본적인 헌법사항으로서 국민이 스스로 결단하여야 할 사항이므로 대통령이나 정부 혹은 그 하위기관의 결정에 맡길 수 있는 사항이 아니다.**'라고 판시한 바 있습니다.

청와대와 서울은 역사적으로나 헌법적으로도 한반도의 중심이었습니다. 국가균형발전이라는 명분에도 불구하고 휴전선에서 가까운 수도 서울과 청와대가 북한의 도발을 감수해야 하는 이유는 한반도의 중심이라는 정통성 때문입니다.

청와대 이전은 수도 서울이전과 마찬가지로 **국가최고기관의 위치를 변경하여 국가조직의 근간을 변경하는 것이므로** 국가생활에 관한 국민의 근본적 결단이 필요한 것이며, 동시에 국가를 구성하는 기반이 되는 핵심적 헌법사항의 변경입니다.

청와대가 국가최고기관인 이유는 대통령이 국가원수이기 때문입니다.

이러한 국가최고기관을 이전하는 문제는 대통령 개인의 결단으로도 결정할 일이 아닙니다. **국가최고기관의 이전은 국가의 정체성과 국가조직구성에 변동을 가져올 수 있는 중요한 헌법적 사항**이기에 대통령이나 정부 혹은 그 하위기관의 결정에 맡길 수 있는 사항이 아닌 것입니다.

청와대는 우리 역사에 있어서 역사성, 정치성, 이념성이 함축된 헌법가치의 결정판입니다.

국가원수의 소재지 즉 수도는 헌법의 본질적인 사항이며 국민주권의 원리에 따라서 국민이 직접 결정하여야 할 사항에 해당됩니다. 국가를 대표하는 대통령의 소재지를 정하는 문제는 국가의 정체성(正體性)을 표현하는 실질적 헌법사항의 하나입니다.

여기서 **국가의 정체성이란 국가의 정서적 통일의 원천으로서 그 국민의 역사와 경험, 문화와 정치 및 경제, 그 권력구조나 정신적 상징 등이 종합적으로 표출됨으로써 형성**되는 국가적 특성이라 할 수 있습니다.

대통령의 소재지를 서울에서 지방으로 이전하는 것은 물론이고, 청와대에서 용산으로 이전하는 것도 국가정체성에 변동을 초래할 수 있는 사안입니다.

　국민 개개인에게는 삶의 근거가 되는 주소가 개인의 정체성을 확인하는 기본적 요소이고, 법인의 경우에도 정관과 등기부등본에 주소지가 가장 중요한 정체성의 요소입니다. 법인 등 단체가 사무소 소재지를 변경하는 경우는 당연히 정관개정사안이며, 총회의 결의를 거쳐 관청에 신고를 하도록 되어 있습니다(민법 제49조, 공증인법 제66조의2 제1항).

　민간단체도 이러할진대, 하물며 국가 최고기관의 소재지 변경에는 아무런 절차도 거치지 않고 대통령당선인의 결단(決斷)에만 의지하여 진행되는 것이 과연 합헌적인지에 대하여 헌법재판소는 현실을 직시하고 국민들에게 대답해야 합니다.

　대통령당선인의 공약이라고 언론과 지지자들의 환호속에 일사천리로 진행되는 청와대 이전과 청와대 개방을 지켜보게 된 청구인들은 도대체 대통령선거에서의 당선자의 공약이 대한민국헌법보다 더 높은 가치가 있는 것을 청구인들만 모르고 있는 건 아닌지, 이러한 상황이 대한민국에서 벌어지는 것이 과연 꿈인지 생시인지 다리를 꼬집어보게 됩니다.

대통령당선자의 결단만으로 청와대를 이전할 수 있다면 대통령 임기 5년마다 대통령의 소재지가 바뀔 수 있다는 결론에 도달하게 됩니다.

그렇게 5년의 임기마다 당선자의 정책과 정파적 이해관계에 따라 대통령 소재지를 공약한대로 이전하면 심각한 혼란이 예상되므로 청와대 이전 문제는 적절한 통제가 필요한 헌법사항이 아닐 수 없습니다.

다시 강조하지만, 대통령 소재지의 문제는 내용적, 현실적으로 헌법사항에 속하는 것이며 그것도 국가의 정체성과 기본적 조직구성에 관한 중요하고 기본적인 헌법사항으로서 국민이 스스로 결단하여야 할 사항이므로 대통령이나 정부 혹은 그 하위기관의 결정에 맡길 수 있는 사항이 아닙니다.

따라서 국가원수인 대통령의 소재지인 청와대는 관습헌법이며, 대한민국 정체성을 대변하는 것으로서 핵심적인 헌법사항입니다.

대한민국은 법인격의 주체이며, 그 대한민국의 주소지는 청와대입니다.

역사적으로도 청와대는 조선시대 600여 년 간 경복궁이 법궁(정궁)이었던 전통을 이어받아 경복궁 후원에 있었던 경무대의 후신이라는 점에서 역사적 의의가 있고, 경무대가 일제의 침략에 의해서 잠시 조선총독부 관저로 되었다가 다시 미군정이 주둔하던 장소였기는 하지만 어디까지나 우리 선조의 숨결이 서려있는 정통성있는 장소로서 대한민국 건국과 함께 주권을 회복하여 오늘에 이르고 있는 것입니다.

국민들은 역사적, 전통적 사실로, 그리고 의식적 혹은 무의식적으로 국가원수(왕)의 소재지가 청와대라고 인식하고 있습니다. 또한 대한민국 건국 당시에도 국가의 기본구성에 관한 당연한 전제사실 내지 자명한 사실로서 아무런 의문도 제기될 수 없는 것이었습니다.

청와대는 대한민국 건국이래 우리나라의 국가생활에 관한 당연한 규범적 사실이 되어 왔으므로 우리나라의 국가생활에 있어서 전통적으로 형성되어있는 계속적 관행이라고 평가할 수 있습니다(계속성).

이러한 관행은 6·25전란 시를 제외하고는 변함없이 오랜 기간 실효적으로 지속되어 중간에 깨어진 일이 없으며(항상성), 청와대가 대통령의 소재지라는 사실은 우리나라의 국민이라면 개인적 견해 차이를 보일 수 없는 명확한 내용을 가진 것이며(명료성), 나아가 이러한 관행은 오랜 세월간 굳어져 와서 국민들의 승인과 폭넓은 컨센서스를 이미 얻어(국민적 합의) 국민이 실효성과 강제력을 가진다고 믿고 있는 국가생활의 기본사항이라고 할 것입니다.

대통령의 소재지로서의 청와대는 헌법제정 전후에 걸친 오랜 역사와 관습에 의하여 국민들에게 법적 확신이 형성되어 있는 사항으로서 가장 기본적인 규범의 일부를 이루어 온 관습헌법입니다.

우리 민족에게 혁명은 두 번 있었습니다.

첫째는 역성혁명입니다.

1392년 이성계가 조선왕조를 창건하여 한양을 도읍으로 정하였고, 그 후 600여 년 간 전통적으로 현재의 서울은 수도가 되어왔습니다. 수도이전은 역성혁명을 단행한 이성계만이 성공했습니다.

둘째는 건국혁명입니다.

왕조시대를 벗어나 자유민주국가를 건설한 이승만은 혁명의 주도자였으면서도 수도이전 또는 대통령 소재지는 조선왕조의 소재지를 그대로 이어받아 서울 경복궁 후원인 지금의 청와대로 정했습니다.

대한민국 건국으로 체제변혁은 하였지만 민족적 정통성은 부정되지 않았다는 점에 우리는 주목해야 합니다.

국가원수의 소재지 이전은 선조때 풍수지리를 이유로 경복궁에서 창덕궁으로 이전한 경우를 제외하고는 정종때 재난과 변란을 피하기 위하여 일시 개성으로 피방한 경우, 고종때 외세의 침략으로 일시 아관파천과 경운궁 이전 그리고 이승만때 6·25 전쟁시 일시 부산으로 이전한 경우처럼 천재사변 등 특별한 사유에 의하여 일시 이전하였을 뿐입니다.

결론적으로 우리 근·현대 역사에서 역대 지도자들 중에 수도이전을 한 경우는 태조 이성계가 유일하고 특별한 사정없이 소재지(궁궐)이전을 한 경우는 선조가 유일합니다.

그런데 혁명이 아닌 단순한 정권교체를 이룬 윤석열 당선인이 소재지를 독단으로 이전하려고 하는 것은 역사적 맥락에서 보더라도 월권이 아닐 수 없습니다.

수도 서울 4대문 밖 용산으로의 청와대 이전은 전통의 면에서 실질적인 수도이전으로 볼 수밖에 없어 역사적 민족적 정통성의 관점에서 매우 경솔하고 위험부담을 가지게 됩니다.

이승만은 혁명으로 건국했음에도 소재지를 조선왕조의 법궁이었던 경복궁 후원 자리를 유지하였고 이전하지 않고 우리 민족의 역사적 정통성을 계승하였습니다. 역대 대통령들이 이러한 전통을 존중하여 온 결과 우리 민족은 기적같이 번영하는 국가가 되었다는 사실에 우리는 모두 주목해야 합니다.

2) 관습헌법의 개정과 사멸은 헌법개정절차에 따라야 합니다.

우리나라의 대통령 소재지가 청와대라는 관습헌법을 폐지하기 위해서는 헌법이 정한 절차에 따른 헌법개정이 이루어져야 합니다.

따라서 청와대 이전 문제는 최소한 헌법 제130조에 의거한 헌법개정의 방법에 의하여만 처리될 수 있습니다. 새로운 대통령 소재지를 설정하는 헌법조항을 신설하는 헌법개정절차를 통해 청와대는 대통령의 소재지로서의 효력을 상실하게 됩니다.

이러한 형식적인 헌법개정 외에도, 관습헌법은 그것을 지탱하고 있는 국민적 합의성을 상실함에 의하여 법적 효력을 상실할 수 있습니다.

관습법의 존속요건의 하나인 국민적 합의성이 소멸되면 관습헌법으로서의 법적 효력도 상실하게 됩니다. 관습헌법의 요건들은 그 성립의 요건일 뿐만 아니라 효력 유지의 요건이기 때문입니다.

관습헌법의 사멸을 인정하기 위하여서는 국민에 대한 종합적 의사의 확인으로서 국민투표 등 모두가 신뢰할 수 있는 방법이 고려될 여지도 있을 것입니다.

대통령당선인이 기자회견을 할 당시까지 청와대를 이전한다는 국민적 합의가 확인되었다는 사정은 전혀 없습니다. **대통령에 당선되었다는 것만으로 그 당선인이 내건 공약이 모두 국민적 합의라고 볼 수는 없습니다.** 만약 그렇게 국민들에게 강요한다면 그 정부는 독재정부일 것입니다.

청와대가 그 조건에 부적합하여졌다는 국민의 합의가 새로이 이루어졌다고 볼 어떠한 특별한 사정도 없으며, 현재로서는 청와대가 대통령의 소재지인 점에 대한 국민의 법적 확신이 변화되었거나 소멸되었다고 볼 근거도 없습니다. 더구나 청와대를 용산으로 이전하는 것에 대해서는 더더욱 그렇습니다.

항간에 청와대가 종북주사파의 본거지였기 때문에 도청장치가 설치되어 있고 간첩이 근무하고 있다는 풍설이 떠돌고 있지만 이러한 풍설만으로 청와대 이전이 정당화될 수 없습니다. 도청의 우려는 청와대 뿐 아니라 모든 일반 사무소에서 대비해야할 사항에 불과하여 국방부 청사도 예외는 아닙니다.

도청과 간첩근무의 정황적 의심이 있다면 정확한 증거를 확보하여 책임자를 처벌할 계획을 세우고 사전에 그러한 우려를 불식시킬 전문적인 노력을 강구하는 것이 당선인의 인수인계 과정에서 해야할 의무입니다.

오히려 청와대 이전에 대한 찬성의견보다 반대의견이 더 높습니다.

이러한 점은 풍설과 선동에 휘둘리지 않는 건전한 국민정신이 지배하는 관습헌법이 유지되고 있다는 객관적 증거입니다.[4]

---

4) 청와대 청원, 여론조사 결과 등은 청와대 이전 반대가 압도적 다수입니다.

대통령당선인측에서 청와대를 흉가, 혐오시설, 제왕적대통령제의 상징, 청와대 개방 등 여론몰이를 벌이고 있고, 대통령 당선인은 취임식과 동시에 청와대 이외의 장소에서 집무를 하겠다고 공언하고 있어서 의도적으로 사멸을 도모하고 있는데 이는 명백히 헌법을 위반하고 있는 것이라 할 수 있습니다.

3) 대통령당선인의 청와대 이전결정은 헌법 제130조[5] 국민투표권을 침해하였습니다.

　헌법 제130조는 헌법개정에 있어서 국민들에게 국민투표권을 부여하였습니다.

　청와대는 대립하는 정치세력이 잠재적으로 공유해야 하는 역사

　　증 제2호증 : 청와대 진행중인 국민청원 집계표
　　증 제4호증 : 대통령 집무실 이전, 찬성 44.6%, 반대 53.7% (2022. 3. 24.)
　　증 제5호증 : 尹 대통령 집무실 용산 이전…찬성 33.1%, 반대 58.1% (2022. 3. 22.)
　　증 제6호증 : [인터넷] 청와대를 용산 국방부 청사로 이전 여론조사 (2022. 3. 21.)
　　이전 찬성 42.6%, 반대 57%
5) 제130조 ① 국회는 헌법개정안이 공고된 날로부터 60일 이내에 의결하여야 하며, 국회의 의결은 재적의원 3분의 2 이상의 찬성을 얻어야 한다.
　　② 헌법개정안은 국회가 의결한 후 30일 이내에 국민투표에 붙여 국회의원선거권자 과반수의 투표와 투표자 과반수의 찬성을 얻어야 한다.
　　③ 헌법개정안이 제2항의 찬성을 얻은 때에는 헌법개정은 확정되며, 대통령은 즉시 이를 공포하여야 한다.

적, 정치적, 군사적 측면에서 매우 중요한 상징적 국가자산입니다.

어느 한 정파나 개인이 5년간 사용할 국가자산을 독단적으로 이전 결정할 수 없습니다.

만일 이 사건 계획이 어떤 통제도 없이 관철이 되어 안 좋은 선례가 만들어진다면, 대통령 임기 5년마다 대통령 소재지가 변경될 수 있고, 나아가 헌법적 사항에 대하여 헌법개정절차나 국민적 동의를 구하는 절차없이 헌법원리가 훼손되는 일이 비일비재해질 것입니다.

대통령 소재지의 설정과 이전의 의사결정은 국가의 정체성에 관한 기본적 헌법사항으로써 헌법이 정하는 바에 따라 국민이 스스로 결단하여야 할 사항입니다.

만일 결단의 주체가 주권자 국민이 아니고 대표자(본 사안에 있어서는 대통령 당선인)라고 한다면 대한민국은 민주공화국이 아닌 전제왕정국가라고 불러야 할 것입니다.

따라서 반드시 헌법전에서 규율하여야 할 기본적인 헌법사항을 '이전 계획'이라고 하는 하위규범 형태로 규정해서도 안되며, 오로

지 국민이 주권자로서 헌법의 제·개정에 관하여 가지는 권한으로 헌법적 사항을 제정하고 개정해야 됩니다.

결론적으로 헌법 제130조에 따라 헌법개정에 있어서 국민이 가지는 참정권적 기본권인 필요적 국민투표권의 행사를 배제한 것임은 물론 대통령당선인이 속한 정당의 공약을 국회나 국민들의 동의(국민투표)없이 실행에 옮기는 것은 전제정치의 서막을 알리는 전주곡이며, 일당독재로 비판받아 마땅한 것입니다.

나. 청구인들의 헌법 제72조의 국민투표권 침해

헌법 제72조 '대통령은 필요하다고 인정할 때에는 외교·국방·통일 기타 국가안위에 관한 중요정책을 국민투표에 붙일 수 있다.'고 규정하고 있는데 이는 대통령의 비상대권적 권한이기도 하지만, 대통령이 국회의 동의를 얻기 어려운 사정이 있을 때 외교, 국방, 통일, 기타 국가안위에 관한 중요한 정책을 시행하기 위해서는 국민투표에 붙여서 결정해야한다는 의무조항이기도 합니다.

헌법 제72조는 대통령은 국가안위에 중요한 사항에 대해서는 국회의 동의를 받아 법률의 근거에 따라 대통령의 권한을 행사해야 하며 그렇지 않을 경우에는 국가안위에 대한 중요한 사안을 반드시 국민투표에 붙여 그 결과에 따라 대통령의 권한으로 행사해야 한다는 규정입니다.

따라서 국가안위에 대한 중요한 사안은 대통령이 임의로 독단적으로 결정할 수 없습니다. 그런데 청와대 이전은 관습헌법에 이르지 않았다고 하더라도 국가안위에 대한 중대한 사안이 분명합니다.

우선 청와대는 국가원수인 대통령의 집무가 이뤄지는 공간으로 국가 최고기관이기에 청와대의 이전은 국가기관의 배치나 이전에 결정적인 영향을 미치게 됩니다.

청와대의 용산 국방부로의 이전은 합동참모본부와 국방부 부서의 이동을 초래하여 국가안위에 대한 중대한 영향을 미치는 것이 명백합니다. 더구나 졸속으로 예산의 뒷받침도 제대로 되지 않은 상태에서의 이전이 초래할 위험은 상상이상일 것이 자명합니다.

헌법 제88조는 국무회의에서 정부의 권한에 속하는 중요한 정책을 심의한다고 규정하고 있고, 헌법 제89조는 군사에 관한 중요 사항, 행정각부의 중요한 정책의 수립과 조정에 대하여 국무회의의 심의를 반드시 거치도록 규정해두었습니다. 청와대의 용산 국방부로의 이전은 군사에 대한 중요한 사항일 뿐 아니라, 행정각부인 국방부의 정책의 수립과 조정에 해당됩니다.

이러한 국무회의의 절차를 전혀 거침이 없는 대통령당선인의 독단적인 결단으로 진행되는 '청와대의 국방부로의 이전'은 위헌이 명백하지만 그에 앞서 청와대의 국방부로의 이전은 국가안위에 대한 중요한 사안이라는 점이 명백합니다.

아울러 헌법 제88조, 제89조는 '청와대 이전'이 국무회의의 심의를 거쳐 국민투표에 부의할 사안임을 명백히 보여주고 있습니다.

제2관 국무회의

제88조

① 국무회의는 정부의 권한에 속하는 중요한 정책을 심의한다.

② 국무회의는 대통령·국무총리와 15인 이상 30인 이하의 국무위원으로 구성한다.

③ 대통령은 국무회의의 의장이 되고, 국무총리는 부의장이 된다.

제89조

다음 사항은 국무회의의 심의를 거쳐야 한다.

1. 국정의 기본계획과 정부의 일반정책
2. 선전·강화 기타 중요한 대외정책

3. 헌법개정안·**국민투표안**·조약안·법률안 및 대통령령안

4. 예산안·결산·국유재산처분의 기본계획·국가의 부담이 될 계약 기타 재정에 관한 중요사항

5. 대통령의 긴급명령·긴급재정경제처분 및 명령 또는 계엄과 그 해제

6. 군사에 관한 중요사항

7. 국회의 임시회 집회의 요구

8. 영전수여

9. 사면·감형과 복권

10. 행정각부간의 권한의 획정

11. 정부안의 권한의 위임 또는 배정에 관한 기본계획

12. 국정처리상황의 평가·분석

13. 행정각부의 중요한 정책의 수립과 조정

14. 정당해산의 제소

15. 정부에 제출 또는 회부된 정부의 정책에 관계되는 청원의 심사

16. 검찰총장·**합동참모의장**·**각군참모총장**·국립대학교총장·대사 기타 법률이 정한 공무원과 국영기업체관리자의 임명

17. 기타 대통령·국무총리 또는 국무위원이 제출한 사항

대통령당선인 또는 대통령 혼자의 결단으로 청와대를 이전하고 국방부와 휘하 합동참모본부와 육군본부 등을 재배치할 수 있다면, 합동참모의장이나 각군 참모총장의 임명은 국무회의의 심의를

거쳐야 하지만, 그것보다 더 국가안위에 영향을 미칠 합동참모본부, 각군 참모부의 이전이나 재배치는 국무회의 심의조차 거칠 필요 없다는 결론에 이르게 됩니다.

국가의 정치·행정의 중추기능을 가지는 대통령의 소재지를 결정하는 문제는 국가안위는 물론이고 나아가 통일에 관한 문제입니다.

분단국가인 우리나라에서는 대통령의 소재지는 현재뿐만 아니라 장래의 통일과정과 통일된 대한민국에게 중요한 의미를 가집니다.

통일된 대한민국의 대통령의 소재지를 결정함에 있어 서울의 중심인 청와대는 특별한 사정이 없는 한 역사적 정통성과 상징성 면에서 대통령 소재지로서 매우 적합합니다.

또한 대통령의 소재지는 국가안위의 핵심인 국방의 중요한 요소입니다. 국군통수권자인 대통령의 소재지는 국가방위전략에 있어 가장 중요한 고려요소의 하나가 아닐 수 없습니다. 따라서 <u>대통령 소재지를 이전하는 것은 방위전략에 근본적인 수정을 가져올 수밖에 없고 또 가져와야 합니다.</u>

따라서 대통령의 소재지에 관한 의사결정은 헌법 제72조가 규정한 '중요정책'이 아닐 수 없습니다.

이는 국가의 장래와 민족 전체의 운명이 관련된 국가기본에 관한 역사적인 문제라는 점, 현재 이에 관한 국론이 분열되어 국민통합의 위기가 초래될 염려가 있다는 점, 국민 전체가 이해관계가 있다고 느껴서 전 국민의 관심과 주목을 받는 문제라는 점 등을 고려할 때, 대통령 소재지 이전 문제는 대의기관의 의사를 통하여 추정되는 국민의사와 별도로 현실적인 국민의사를 확인할 필요가 있을 만큼 충분한 가치가 있습니다.

따라서 대통령당선인으로서는 대통령에 취임하여 청와대 이전 문제를 국무회의의 심의를 거쳐 국민투표에 부의할 의무가 있고 국민들은 주권자로서 국민투표에 참여하여 투표할 권리가 있는데 이번 청와대 이전결정은 이러한 주권자로서의 국민의 투표권을 직접 침해했습니다.

다. 헌법 제72조 국민투표권과 제130조 국민투표권의 관계

헌법개정을 요하는 사안이라고 할지라도, 대통령으로서는 헌법개정안을 제안하기 전에 국민의 현실적 의사를 확인하는 차원의 국민투표를 헌법 제72조에 의하여 실시할 수 있습니다.

예를 들어 청와대를 이전하는 것에 대한 찬반의사를 묻는 국민투표를 시행하고, 그 국민투표에서 찬성의견으로 결정되면, 대통령은 대통령의 소재지를 정한 헌법개정안을 마련하여 국회의 동의를 구한 다음 헌법개정안으로 공포하고 국민투표를 거쳐 대통령의 소재지가 확정되는 것입니다. 이렇게 된다면 헌법 제130조의 국민투표는 헌법 제72조의 국민투표를 배제할 필요가 없습니다.

청와대라는 관습헌법에 대한 국민의 법적 확신의 존부가 헌법 제130조의 국민투표 등 합헌적인 공식방법에 의하여 확정되지 않는 한, 국민은 여전히 헌법 제72조에 의한 국민투표권을 선택적으로 보유합니다.

거듭 주장하지만, 관습헌법이 사멸되었는지 여부를 확인하는 방법으로 헌법 제72조에 의한 국민투표를 실시할 수 있습니다. 관습헌법의 사멸여부를 확인하는 국민투표권 행사는 헌법개정을 하기 위한 동기를 제공하는 의미가 있을 뿐입니다.

따라서 청와대가 관습헌법이라는 전제하에서는 제72조 국민투표권 행사만으로 청와대를 이전하는 것은 제130조의 국민투표권을 형해화시키는 결과가 되므로 허용될 수 없습니다.

헌법130조의 개헌절차를 거쳐야 할 사안을 그보다 단순한 헌법 제72조의 국민투표로 개헌의 효과를 달성하려는 편법을 방지해야 할 필요가 있기 때문입니다.

청와대 이전은 국가안위에 대한 중대한 사안일 뿐 아니라 관습헌법에 해당됨에도 대통령 취임식날까지 청와대 이전을 완료한다는 것은 헌법적대적인 권력적 사실행위가 아닐 수 없으며, 헌법 제72조의 임의적 국민투표권도 침해하는 것입니다.

헌법재판소는 수도특별법 위헌 사건에서 "이전 계획에 대하여 대의기관에 의한 결정을 하지 아니하고 **직접 국민투표로 결정하려는 의사를 가지고 있다고 볼 상당한 이유가 있는 경우** 대의기관이 이러한 의사를 무시하고 스스로 결정을 한다면, 이는 국민투표제도를 둔 헌법 제72조의 입법목적과 입법정신에 정면으로 반하는 것으로서 재량권을 일탈·남용한 것이 된다. 이는 당해사안의 본안에 대한 대의기관의 결정과 국민의 현실의사가 부합하는지 여부에 관계없이 같다"라고 하였고, "국민투표의 대상이 되는 정책에 관하여 대의기관은 국민의 현실의사와 다른 결정을 할 수 없으므로, 국민의 현실의사와 다른 결정을 하는 것은 그 자체로 위임의 권한범위를 넘어서는 것으로써 재량권의 외적 한계를 넘는 일탈이 된다. 나아가 국민의 현실의사가 실제로 확정되지는 않았으나 대의기관의 의사가 국민의 현실의사와 다르다고 볼 상당한 이유가 있는 경우 대의기관이 국민의 현실의사로 추정되는 것을 무시하고 반대되는 결정을 한다면, 헌법 제72조의 입법정신과 입법목적에 반하여 재량권을 일탈·남용한 것이 된다."라고 판시한 바 있습니다.

라. 국가안위에 대한 중대한 사안을 국민투표에 부의하지 않는 부작위는 재량권의 일탈과 남용에 해당됩니다.

헌법 제72조는 국민투표부의에 관한 대통령의 권한과 국민의 국민투표권을 아울러 규정한 것입니다.[6]

우리 헌법이 상정하는 대표기관과 국민 사이의 관계는 일반적

---

6) 헌재 2004. 5. 14. 2000헌나1, 공보 93, 574, 592 ; 2003. 11. 27. 2003헌마694등, 판례집 15-2하, 350, 360 ; 2001. 6. 28. 2000헌마735, 판례집 13-1, 1431, 1439 등 참조

인 국가정책의 영역에서는 대의제에 근간을 둔 자유위임관계이지만, 국민투표의 영역 즉, 국민투표의 대상이 되는 정책에 관하여는 직접민주제에 근간을 둔 명령적 위임관계입니다. 따라서 국민투표의 대상이 되는 정책에 관하여 대의기관은 구체적인 국민들의 현실의사에 기속되고, 대의기관은 구체적 국민들의 현실적인 의사와 다른 결정을 할 수 없고 현실적인 의사와 다를 것이 예상되는데도 이를 무시할 수 없습니다.

마. 선거공약에도 없었던 용산으로 대통령 소재지를 변경하는 것은 자의적지배를 금지한 자유민주적기본질서 위배

대통령 당선인은 광화문 시대를 열겠다고 공약하였으나 여건이 허락지 아니한다는 결론에 이르렀으면 그 사실을 국민들에게 정직하게 알리고 공약자체를 철회했어야 합니다. 그런데 느닷없이 공약에도 없었던 용산으로 대통령 소재지를 변경하는 것은 자의적지배라고 할 것입니다.

또한 국민들의 신뢰를 배반하는 것이 되어 신뢰보호원칙에도 반합니다. 청와대 이전에 관한 의사결정을 국민투표에 붙이지 아니하는 것은 국민주권에 기한 개헌절차 등 헌법원칙은 물론이고 다수 일반법원칙에도 반하는 것으로서 재량권을 일탈·남용하는 위헌적인 재량권행사입니다.

바. 청와대 이전 문제에 관한 국민의 현실의사

이 사건 계획이 발표된 2022. 3. 21~24. 경의 여론조사에 의하면, 청와대 이전하는 것에 관하여 찬성 33.1~44.6%, 반대 53.7~58.1%였고[7], 2022. 4. 7. 기준 청와대 청원은 찬성 177,629명, 반대 1,109,346명으로 반대의견이 높았습니다.[8] 위 사실에 의하면, 청와대 이전 문제를 대의기관에 위임하지 아니하고 직접 결정하겠다는 위임철회의 의사를 가지고 있다고 볼 상당한 이유가 있고, 실체사안에 대하여도 용산으로 이전하는 것에 반대하는 의사를 가지고 있다고 볼 상당한 이유가 있다고 판단됩니다. 이와 같이 청와대 이전 반대 비율이 높다는 사실은 이미 청와대가 대통령의 소재지가 맞다는 국민의 공감대적 가치로 자리잡고 있음을

---

[7] 1) 대통령 집무실 이전, 찬성 44.6%, 반대 53.7% (2022. 3. 24.)
     https://www.ytn.co.kr/_ln/0101_202203240003208274
     2) 尹 대통령 집무실 용산 이전... 찬성 33.1%, 반대 58.1% (2022. 3. 22.)
     https://m.mbn.co.kr/news/politics/4722412
     3) [인터넷] 청와대를 용산 국방부 청사로 이전 여론조사 (2022. 3. 21.)
     이전 찬성 42.6%, 반대 57%
[8] 청와대 청원 : 2022. 4. 7. 기준으로 청와대 이전 반대 40여 건 합계 (1,109,346명), 이전 찬성 3건 합계(177,629명)으로 이전 반대자가 압도적으로 많음
     https://www1.president.go.kr/petitions/best

유추할 수 있는 근거입니다.

사. 소 결 (헌법적 근거를 갖추지 못한 공약 추진은 위헌에 불과)

국가적 중대사를 결정할 때 여야의 의견을 수렴하고 또 국민의 의견을 수렴하여 정하는 것이 가장 민주적입니다.

대선 공약이 헌법개정사항내지는 국가 중요정책에 해당하는 경우, 일반적인 공약 관철 과정과는 다른 헌법상 민주적 의사결정 과정이 요구됩니다.

그럼에도 대통령 소재지 이전 문제를 국민투표에 붙이지 아니하는 것은 헌법 제72조의 입법목적과 입법정신에 반하는 것으로서 재량권을 일탈·남용하는 위헌적인 재량권행사이며, 나아가 이 문제를 개헌절차에서 배제하는 것은 본질적으로 헌법 제130조 위반입니다.

헌법 제72조와 제130조는 국민주권의 제도적 표현인데, 헌법 제72조의 국민투표가 차선책이라면 헌법 제132조의 국민투표는 최선책입니다. 청와대 이전 계획은 목적이 정당하다고 하더라도 절차적 정당성을 전면 무시하고 있어서 수단의 적법성을 상실하였습니다.

헌법적 근거를 갖추지 못한 공약 추진은 위헌에 불과합니다.

3. 청와대 해체와 이전으로 인한 행복추구권 침해

청와대의 이전으로 인하여 전통을 고수하려는 청와대 인근지역 민들과 역사의식이 있는 국민들이 정서적 불이익을 받을 것이 예상됩니다. 이러한 결과는 청구인을 비롯한 국민들의 행복추구권을 침해하는 것입니다.

인간은 단순히 물질적 풍요와 안락한 환경만으로 만족할 수 없는 문화 정신적 가치를 간직하면서 행복을 추구하는 존재입니다.

경제적 기본권과 정신적 기본권 충돌시 우월적 기본권인 정신문화적 기본권이 우선하는데 청와대 해체는 국가 상징성, 민족사적 정통성, 역사적 공간, 역사의식, 국가브랜드가치, 국민 공감대적 가치 등을 모두 해체하는 자해행위입니다.

이로 인한 정서적 허탈감은 국민을 불행하게 몰아가고 있으며, 대통령이 취임과 동시에 청와대에 거하며 집무할 의무를 위반함으로써 국민들의 불안감이 고조되고 있습니다.

물질적 풍요와 환경만으로 행복을 누리지 못하는 문화 정신적 가치를 추구하는 국민들은 행복을 위해서 청와대 해체 계획을 받아들일 수 없습니다.

4. 청와대의 국방부로의 이전으로 인한 재산권 침해

청와대가 대통령의 집무실 등 헌법기관 운영에 최적화되어 있어서 이전해야 할 필요성이 없다고 판단됨에도 예산 낭비가 불가피한 청와대 이전 계획을 추진하고 있습니다.

청와대는 정권교체를 예정할 때 대립하는 정치세력이 잠재적으로 공유해야 하는 역사적, 정치적, 군사적 측면에서 매우 중요한 상징적 국가자산입니다.

이러한 국가자산을 공원화한다는 것은 이러한 자산을 형성하는 데 투입된 막대한 국가예산을 낭비하는 결과가 되며, 장소적, 지리적으로 청와대에 집적한 암묵적 지식과 유산을 후세대에 물려주지 못하는 결과가 됩니다.

그것은 곧 국부의 손실이요 국민 개개인에게는 재산권침해로 이어집니다. 청와대 이전에 소요되는 막대한 비용은 국민이 납부하는 세금으로 조성된 국가예산에서 지출될 것입니다.

이러한 지출은 재정투자의 우선순위를 도외시하고 헌법원칙을 무시한 위헌적인 것입니다.

시민에게 개방된 대통령실 바로 옆 건물에 절대로 개방될 수 없는 국방부와 합동참모본부가 계속 함께 자리한다는 것은 있을 수 없는 일입니다.

국방부를 리셋하고 합동참모본부를 이전하는 것은 새로운 합동참보본부를 새로 만들어 놓고 이전하기 전에는 불가능한 일입니다.

당장 1년 내에 국방부, 합참, 근무지원단, 합동전투모의센터, 시설본부, 국방홍보원, 심리전단, 사이버사령부 등이 새로 입주할 건물을 짓거나 찾아야 합니다.

국방부는 특수한 방호 및 보안 시설과 정보시스템을 갖춘 새 시설 건립에 5천억원 이상의 비용이 소요된다고 대통령직 인수위원회에 보고했습니다.

그런데 윤 당선자는 이를 외면하며 몇 번이고 "이사비용 496억 원"만 강조했습니다.

예비타당성검토를 피할 요량으로 500억 이하라고 말한 것은 아닌지 의심이 갑니다. 청와대의 이전은 국책사업중에서도 가장 큰 국책사업이 아닐 수 없습니다. 마땅히 예비타당성 조사를 거쳐야 합니다.

국방 관련 기관 이전은 까다로운 국회 심의를 통과해야 하며, 특수정보를 제공하는 미국의 동의 없이는 동맹국의 연합지휘통제 시스템을 이전할 수도 없습니다. 아마도 미군은 상당한 비용을 요구할 것입니다.[9]

이와 같은 위헌적인 국가재정지출의 근거가 되는 이 사건 계획은 헌법 제23조의 재산권과 제37조 제1항의 '헌법에서 열거되지 아니한 권리'로서 보장되어야 하는 납세자의 권리를 침해한 것입니다.

---

9) 한겨레 (2022. 3. 20.) 김종대, '용산 시대' 말하는 권력의 자아도취
https://www.hani.co.kr/arti/opinion/column/1035507.html

아울러 대통령 집무실이 용산에 이전되면 청와대에 축적된 유무형의 안보자산과 국가 브랜드 가치가 갑자기 폐기되는 손실이 초래됩니다.

5. 청와대 이전은 국민 청원권을 침해합니다.

청와대 이전은 국가 또는 역사적 정통성의 재편계획에 해당하는 것으로써 국민 모두가 지대한 이해관계를 가지므로, 적법절차의 원칙상 계획수립과정에서 공청회, 청문회 등 각계 각층의 다양한 의견 수렴을 위한 절차를 필요적으로 거쳐야 합니다.

이러한 민주적 의사결정과정을 거치지 아니하면 청구인들을 포함한 국민의 청문권이 침해됩니다.

이미 수많은 국민들이 청와대 청원을 하였고, 다수 국민이 동의한 청원에 대한 결과를 확인하기도 전에 용산 국방부 청사로 이전을 발표한 행위나 국민 한 분 한 분의 의견을 소중히 듣겠다고 발표한 다음날 이전발표[10]를 하는 행위는 국민의사[11]를 듣지 않고 일방적으로 강행하겠다는 것으로써 청와대 이전의 명분인 제왕적 대통령에서 탈피하겠다는 그 명분에서 조금도 달라진 것이 없는 제왕적 대통령의 그 모습 그대로입니다.

6. 청와대의 용산 이전은 국민들의 평등권을 침해합니다.

대통령당선자는 합리적 근거 없이 청와대를 제왕적대통령제의 상징으로 낙인찍고, 마치 청와대가 혐오지역인 것으로 폄훼하여 차별하고, 반대로 용산을 부각시켜 각 지역의 주민들의 평등권을 침해하고 있습니다.

또한 역대 대통령들을 싸잡아 절대권력, 제왕적 대통령으로 폄하하여 차별하고, 당선인은 본인은 제왕적 대통령제를 종식하고

---

10) 국민일보 (2022. 3. 19.) 尹. 집무실 후보지 답사…"국민 한 분 한 분 의견 소중히"
http://news.kmib.co.kr/article/view.asp?arcid=0016884812&code=61111111&sid1=op
한국경제 (2022. 3. 20.) 尹. 대통령 집무실 용산 이전 공식화…"국가 미래 위한 결단"
https://www.hankyung.com/politics/article/2022032067947
11) 청구인이 2022. 3. 19. 국민의사를 적은 "국민은 청와대 이전을 반대합니다"는 의견서를 인수위원회에 제출하였으나 수리심사도 하지 않고 당선인은 다음날 청와대 이전 발표를 하였음

절대권력의 유물같은 청와대를 국민에게 돌려드린다는 선언으로 마치 성군을 자처하는 태도를 보임으로써 국민들을 정치적 목적으로 다시 갈라치기 하여 청와대 이전을 반대하는 국민들을 용산으로 이전을 찬성하는 국민들로부터 헌법적 정당성도 없이 차별하고 있습니다.

7. 청와대 이전은 헌법원리인 민주적 선거제도를 훼손하고 선거권 침해합니다.

헌법 제24조는 '모든 국민은 법률이 정하는 바에 의하여 선거권을 가진다'라고 규정하고 있습니다.

윤 당선인의 대선공약은 광화문 시대였지 용산 시대가 아니었습니다. 국민은 선거에 출마하는 후보자들의 공약을 보고 표를 행사하는데 윤석열 당선인의 대선공약은 대통령 집무실을 광화문으로 이전하겠다며 광화문 시대를 열겠다는 공약을 하여 당선된 것입니다.

그러나 대선 이후 느닷없이 공약에 없던 용산 국방부 청사로 이전한다고 발표를 하였습니다.

이것은 국민을 기만한 행위로서 청와대 이전공약은 효력이 없다고 보아야 합니다. 허위공약으로 국민선택권을 왜곡함으로써 선거권을 침해했습니다.

대통령당선인을 지지한 첫 번째 이유는 반법치행위자 청산을 과감하게 밀어붙이는 추진력과 용기를 보고 선택한 것입니다.

위선정권의 실정과 위법에 대해 공정과 상식에 맞게 법치를 구현하여 달라는 국민적 여망이었습니다.

후보자가 내건 모든 공약에 동의하여 투표하였다고 할 수 있는 사람은 많지 않을 것이며, 국민들은 스스로 청와대를 돌려달라고 원하거나 약속한 바가 없습니다.

국민은 후보자들마다 연례적으로 하는 공약이겠지 생각했고 잘해야 광화문에 제2집무실 정도 설치하여 국민과 간간이 접촉하는 정도로 이해하고 있을 뿐이었습니다. 그런데 윤 당선인은 청와대 이전에 관하여 본인이 스스로 약속하고 본인의 뜻을 국민을 위해 할 것처럼 일방적으로 통보해버렸습니다.

대통령당선인이 공약을 명분으로 청와대 이전을 졸속으로 서두

르는 것은 그가 얻은 득표는 국민 과반수를 넘지 않았다는 것을 이해하지 못하는 처사로서 국민통합을 저해합니다.

공약은 청와대라는 관습헌법을 바꿀 수 있는 대통령당선인의 '정치적 동력' '정치적 동기'에 그쳐야 하며 당선 자체로 바로 공약이 헌법이나 법률보다 더 높은 가치를 가진다고 믿고 헌법과 법률 그리고 국민의 민심을 무시하고 독단적으로 내린 결정을 밀어붙이는 태도에 국민들은 전율하고 있습니다.

공약은 개헌절차 또는 헌법과 법률이 정한 절차에 따라 청와대 이전을 처리할 수 있는 동기가 마련된 것에 불과합니다.

세간에 떠도는 윤석열 당선인 부인의 "영빈관을 이전하겠다"고 발언한 내용이 담긴 음성 녹취파일 의혹, 청와대 이전과 관련된 역술인 연루설 의혹이 사실이라면 이것은 비선실세와 다름없으며 선거제도 자체를 무의미하게 만드는 것입니다.

민주적 선거제도를 통해 선출된 권력이 헌법과 법률, 그리고 국민이 직접 민주주의로 누릴 수 있는 국민투표권을 무시하고 독단적으로 권력을 휘두를 때 이것이 바로 국정농단입니다.

국민은 국정운영을 헌법시스템이 아닌 비선실세의 영향하에 권력을 남용하는 이러한 행태를 결코 승인하지 않을 것입니다.

8. 헌법과 법률이 정한 절차를 거치지 않은 청와대 이전 결정은 헌법에 명시적으로 열거되지 않은 국민의 기본권을 침해합니다.

헌법 제37조 제1항은 '국민의 자유와 권리는 헌법에 열거되지 아니한 이유로 경시되지 아니한다'고 규정하고 있습니다.

헌법원리 내지는 이념 그리고 통치구조와 관련된 사항은 기본권과 밀접한 연관성이 있는데 대한민국 헌법은 법치국가의 원리, 자유민주적기본질서, 문화국가의 원리, 기본권 존중의 원리 등과 같은 여러 원리(이념)를 담고 있습니다.

이러한 헌법 원리 상호간에 우열이 있는 것은 아니지만 목적과 수단의 관계로 파악하기 어려운 저마다의 특성과 가치를 지니고 있어서 원리 상호간 조화를 이룸으로써 성립하고 존속하게 됩니다.

헌법은 대통령의 책무, 국회의원의 국익우선의무, 공무원의 봉사자로서의 사명 등 통치권력이 지니는 부작용을 통제하여 기본권을 실질화하기 위해 공직자들에 대하여 일정한 행위지침을 부여하고 있습니다.

헌법원리와 행위지침은 기본권은 아니지만 기본권의 실질적인 보장과 깊은 연관성을 지닙니다.

따라서 <u>헌법 원리와 행위지침을 위반하여 통치권을 행사하면 당연히 그 피해는 국민에게 돌아오게 되어 있습니다.</u> 즉 헌법에 열거된 기본권 침해형태로 나타나거나 헌법에 열거되지 않은 기본권이 침해되기도 합니다.

대통령당선인의 청와대를 국방부로의 이전결정은 헌법 원리와 행위지침 위반에서 비롯되었다는 점에서 국민에게 열거되지 않은 기본권들까지 침해하고 있습니다.

국방부 직원과 용산 주변 시민 등에 불편을 야기하는 것은 그 예가 되며, 그 보다 더 중요한 것은 헌법원리와 행위지침 위반으로 인한 피해규모는 국민 전체에 해당될 정도로 클 수도 있다는 점입니다.

이런 차원에서 보면 한 개인의 기본권 침해로 사건화 되는 사안보다 이 사건 계획으로 인한 광범위한 피해와 국가해체로 연결될 수 있는 사안의 중대성이 심판에 있어서 우선 고려되어야 합니다.

9. 청와대 졸속이전은 직업공무원제도와 국민의 공무담임권, 공무원의 직업수행의 자유를 침해합니다.

청와대, 국방부 공무원은 청와대 이전 졸속시행으로 인하여 업무가 과중하게 되고 공직수행과정에서 누려왔던 지위와 권리가 침해될 것이 예상됩니다.

헌법과 법률에 아무런 근거가 없이 '청와대 이전'과 '국방부의 일부 해체'를 초래할 대통령 소재지를 이전하는 업무를 공무원에게 명령한다면 이는 직업공무원의 공무수행이 탈법과 불법을 초래할 가능성이 높습니다.

과거 문재인 정부가 탈원전을 제왕적으로 강행하다가 산업부장관, 청와대 산업정책비서관, 한수원사장 등의 업무상배임, 직권남용으로 기소되는 초유의 사태가 발생한 것처럼, 이번 청와대의 국방부로의 이전은 직업공무원들에게 불법과 탈법을 강요할 것이며,

그들의 직업적 양심의 자유를 침해할 것이고 전문적 영역이 무시될 것이 분명합니다.

헌법과 법률 그리고 재정적 뒷받침 없이 청와대 이전이라는 초유의 업무를 수행할 공무원들이 겪을 불행을 대통령당선인은 아무런 관심이 없는 듯합니다.

막무가내식 이전으로 공무원들의 사기는 저하될 것이고, 이는 헌법상 보장되는 직업공무원제도를 훼손하는 결과가 될 것입니다.

10. 청와대 졸속이전은 대통령의 헌법상 책무를 위반한 것입니다.

헌법 제9조는 '국가는 전통문화의 계승·발전과 민족문화의 창달에 노력하여야 한다'고 규정하고, 헌법 제66조 제2항은 '대통령은 국가의 독립·영토의 보전·국가의 계속성과 헌법을 수호할 책무를 진다'라고 대통령의 책무에 대하여 규정하고 있습니다.

또한 헌법 제69조는 대통령은 취임에 즈음하여 다음의 선서를 한다. "나는 헌법을 준수하고 국가를 보위하며 조국의 평화적 통일과 국민의 자유와 복리의 증진 및 민족문화의 창달에 노력하여 대통령으로서의 직책을 성실히 수행할 것을 국민 앞에 엄숙히 선서합니다."라고 규정합니다.

가. 헌법을 수호할 책무 위반

국민은 청와대를 대통령 취임선서를 마친 국가원수가 상주하면서 대내외적으로 통치권을 행사하고 국정을 컨트롤하는 대한민국 국격의 상징으로 여깁니다.

이러한 정서적 공감대를 일방적으로 허물고 근무지를 이탈하면서 불필요한 혈세낭비를 하는 것은 대통령으로서의 직무를 위반하고 국민의 기본권을 침해하며 헌법질서를 유린하는 것입니다.

당선인이 대통령 소재지 이전과 같은 중요한 문제에 대하여 국민의 의사를 제대로 수렴하지 않았고 당리당략과 당선자의 오기에 의해 졸속으로 발표되었습니다.

청와대라는 관습헌법을 아무런 개헌절차없이 사멸을 시도하고 있습니다.

졸속 이전으로 인한 부작용과 부실계획의 피해를 종국에는 국민에게 돌아가게 한다면 이것이야말로 제왕적 대통령이 됩니다.

윤석열 당선인은 청와대 이전 문제를 공론화하여 민주적 절차에 의해 처리해야할 중요한 헌법사항을 헌법 제130조에 의한 국민투표권과 최소한 헌법 제72조에 의한 국민투표조차 시도하려는 노력을 보이지 않고 독단적인 국정운영을 하고 있는 것이 사건의 본질입니다.

나. 국가의 계속성을 수호할 책무 위반

청와대라는 안보자산 폐기는 안보자산과 예산의 낭비에 그치지 않고 **안보공백 우려와 안보위협 가중이라는 치명적 상황**을 불러올 수 있습니다.

청와대 졸속 이전은 국가 위기관리의 컨트롤 타워가 제대로 기능을 할 수 없게 합니다.

청와대가 수십 년간 구축해온 국가 위기관리, 경호 상황관리 체계가 한 달 만에 용산에서 제 기능을 발휘할 순 없습니다.

국방부와 합동참모본부가 뒤섞이고, 순수 군사 시설인 합참의 지휘통제실과 지하 벙커를 대통령이 사용한다면 그 기능이 온전히 발휘될 수 없습니다.

우리 군 지휘부의 고유 공간을 대통령이 침해한다면 위기관리의 전문성과 자율성이 상당 부분 침해될 것입니다.

뛰어난 안보자산을 공원화한다고 허물어 막대한 예산이 투입된 국가시설을 폐지하는 것은 있을 수 없는 일이며, 안보자산은 하나 더 있으면 국가위기 상황에서 대처가 유리합니다.

자유통일이 될 때까지 청와대 안보자산은 유지되어야 하고 통일 이후 정치상황에 변동이 생길 경우 국민적 합의를 거쳐 청와대 용도가 결정되어야 합니다.

헌법가치를 구현할 수 있는 최적의 장소가 수도 서울이고 수도가 서울인 것은 서울에 수도의 핵심인 청와대가 있기 때문입니다.

청와대는 조선왕조의 경복궁에서부터 유구한 역사를 이어온 건국의 터전이며, 건국의 시작점으로 지난 70여 년간 대한민국의 발전을 이끌어왔고 국민들의 마음에 '우리의 지도자가 있는 곳은 청와대'라고 관습헌법처럼 마음에 새겨져있습니다.

청와대는 모든 국민이 민족의 정통사적인 장소로서 대통령 집무실로 인정하는 곳입니다. 서울을 수도답게 만들어주는 것은 바로 청와대이고 그것은 유구한 역사를 이어온 그리고 독립과 건국의 산실이자 터전으로 정통성이 그곳에 있기 때문입니다.

따라서 역사의 계속성이 사라지게 되는 중대한 사안을 국민적 동의없이 함부로 옮기는 것은 막아야 합니다.

정권은 유한하지만, 대한민국은 영원합니다.

정권마다 청와대를 옮기게 된다면 국가의 계속성과 법적 안정성이 흔들립니다. 따라서 청와대 이전은 반드시 국민의 뜻을 물어야 하며 국민에게 일방적 통보를 하는 방식은 허용될 수 없습니다.

청와대는 건국이후 역대대통령들이 집무하였고 차기대통령들이 또한 집무할 곳으로 기대되는 곳입니다.

역대 대통령들이 일부 실책이 있었다고 절대권력자로 격하되거나 우리 헌법상 대통령제도가 제왕적 대통령제라는 주장에 동의할 수 없습니다.

청와대 환경이 궁궐같다고 제왕적 대통령제의 상징으로 청와대가 모독을 당하여서는 안 되며, 청와대는 방문하는 외빈과 국민들이 모두 함께 누리는 품격있는 장소로 자리매김되어야 합니다.

그래서 청와대를 해체한다는 것은 명분과 사실에 너무나 차이가 있는 선전과 선동에 불과하다는 점을 하루빨리 깨달아야 합니다.

이 사건의 본질은 장소의 문제가 아닌 제왕적 대통령처럼 행동하려는 사람이 문제입니다.

다. 문화국가 창달의무 위반

이씨 조선이 최초 도읍지로 경복궁에 자리한 이후 건국 당시 그 맥을 이어 경복궁 후원에 청와대(경무대)를 설정하였습니다.

청와대는 대한민국이 세계사에 유래가 없이 발전을 거듭하게 한 정치·문화사의 산실 역할을 충실히 해왔습니다.

청와대는 전통과 국격의 상징임은 물론 정통성과 정체성의 근원지가 된 수도 서울 그리고 청와대는 휴전선에 가까이 위치하여 서울 불바다 위협도 감수하면서까지 남쪽의 중심이 아니라 대한민국의 헌법상 영토인 한반도의 중심을 유지하여 온 것입니다.

청와대는 건국의 터전에 충실함과 동시에 헌법적 가치를 구현하는 최적의 대한민국 중심인 요충지입니다.

윤석열 당선인은 국가 지도자로서 정부와 권력에 대한 깊은 이해와 통찰이 없이 용산에 대해 "뷰가 좋다", "역사적 장소다", "소통의 시민공원이 탄생한다", "장소가 중요하다"는 일방적인 말을 제시하면서 청와대 이전을 반대하는 국민의 소리를 들으려 하지 않고 있습니다.

그러나 국민들은 권위있고 신중하게 결행하는 대통령에게 신뢰감과 안정감을 느낄 것입니다.

청와대 해체는 권위의 해체이고 대통령 권한 누수는 위기상황을 불러들여 대한민국 해체로 이어질 수가 있습니다. 앞선 대통령들도 청와대 이전을 공약했지만, 실천하지 않았던 이유도 그럴 것입니다.

청와대가 절대권력의 상징이라는 것은 국민들을 선동하는 것입니다. 청와대가 절대권력의 상징이라고 말하려면 북한의 주석궁을 먼저 비판해야 합니다. 청와대보다 북한의 주석궁이 먼저 해체되어야 합니다.

청와대는 이미 국민에게 개방되어 있고 소통이 잘되고 있으며, 청와대는 민족사의 정통성이 숨쉬고 있는 우리의 정신사적 가치 그 자체입니다.

청와대 해체로 국민의 정서적 정신적 허탈감을 안겨주고 공허감을 느끼게 한다면 이거야 말로 대통령으로서의 민족문화 창달의 무를 저버리는 것입니다.

청와대에 대한 역사적 문화적 의미를 부여하는 계몽이야말로 대통령으로서의 책무라고 할 수 있습니다.

라. 국민의 자유와 복리의 증진의무 위반

지금의 청와대보다 용산은 시민들과의 소통은 더 어려워진다는 지적도 나오고 있고, 한편으로 시민 생활에 불편을 초래할 우려도 큽니다.

코로나 자영업자 손실보상이나 산불피해자 지원 등 산적한 예산사용처가 기다리고 있습니다. 이러한 시국에 쓰지 않아도 될 예산을 낭비하면서까지 이전하려는 것은 국민의 자유와 복리를 침해하는 것입니다.

마. 헌법과 법률이 정한 근거없는 청와대 이전 지시는 직무유기, 직권남용에 해당됩니다.

대통령직 인수위원회가 국방부 청사를 비우라고 요구 또는 지시하는 것은 형법상 직권남용죄[12]에 해당합니다.

대통령직 인수위원회는 위원회 업무와 관련해서는 공무원으로

---

12) 형법 제123조 "공무원이 직권을 남용하여 사람으로 하여금 의무 없는 일을 하게 하거나 사람의 권리 행사를 방해한 때에는 5년 이하의 징역, 10년 이하의 자격정지 또는 1천만원 이하의 벌금에 처한다"

간주되고 청사를 비우라고 요구 또는 지시할 아무런 법적 권한이 없기 때문입니다.[13]

대통령은 취임선서와 동시에 청와대 집무실에서 국정수행을 할 관습헌법상 의무가 있기 때문에 대통령직 취임후 정상적으로 청와대 집무실에서 국정운영을 하지 않는다면 대통령으로서의 직무장소 이탈에 해당합니다.

국무회의 심의를 거쳐 문서로써 국가업무를 수행하지 않은 행위는 국가재정법을 위반하고 형법상 직무유기, 직권남용에 해당할 소지가 매우 크며 상대적으로 국민은 열거할 수 없는 수많은 기본권 침해의 위험에 직면하게 됩니다.

---

13) 「대통령직 인수에 관한 법률」 제15조 "위원회의 위원장·부위원장·위원 및 직원과 그 직에 있었던 사람 중 공무원이 아닌 사람은 위원회의 업무와 관련하여 「형법」이나 그 밖의 법률에 따른 벌칙을 적용할 때에는 공무원으로 본다"

11. 기본권 침해의 자기관련성·직접성·현재성

침해되는 기본권은 국민으로서 가지는 참정권의 하나인 헌법개정의 국민투표권인바, 이 권리는 대한민국 국민인 청구인들 각 개인이 갖는 기본권이므로 청구인들이 이 사건 계획에 대하여 **권리침해의 자기관련성**이 있음은 명백합니다.

또 이 사건 계획은 대통령 소재지 이전을 당연한 전제로 하여 이를 구체적으로 추진하는 것을 내용으로 하고 있으므로 '대통령 소재지 이전' 자체에 관하여는 더 이상 어떠한 절차나 결정을 필요로 하고 있지 아니합니다. 따라서 헌법개정에 관하여 국민이 갖는 **국민투표권이라는 기본권이 이 사건 계획에 의하여 직접 배제되므로 직접성도 인정**됩니다.

또한 이 사건 계획의 공포·시행에 의하여 대통령 소재지의 이전은 사실상 확정되고 따라서 청구인들의 위 국민투표권은 이미 배제되었으므로 위 권리의 침해는 현실화되어 현재에도 계속되고 있어 **침해의 현재성**도 인정됩니다.

그렇다면 청구인들은 대통령 소재지의 이전을 결정하고 그 절차를 정하는 내용의 이 사건 계획에 대하여 권리침해의 자기관련성을 가지고 있으며, 이 사건 계획에 의한 청구인들의 권리침해의 직접성과 현재성도 모두 인정됩니다. 그 밖의 침해되는 기본권에 대하여도 같은 법리가 적용됩니다.

12. 결론

청와대는 대한민국 헌법의 관습헌법입니다. 가사 그렇지 않다고 하더라도 청와대는 국가원수, 국군통수권자가 집무하는 국가최고기관으로 외교와 안보의 중심지입니다.

따라서 이러한 국가최고기관을 이전하는 것은 국가의 외교와 안보에 심대한 영향을 미칠 수 있는 국가안위에 대한 중대한 사안입니다.

이러한 중차대한 결정을 자연인인 대통령 당선인 개인의 의지에 의존한다면 이는 법치국가, 문명국가로서의 자격이 없는 것입니다.

따라서 헌법개정의 절차 또는 국민투표를 거치지 아니한 채 청와대를 용산지역으로 이전하는 것은 헌법개정사항을 헌법보다 하위의 규범에 의하여 개정하는 것이거나 그렇지 않더라도 헌법위반의 요소가 수두룩한 것을 용인하게 되는 결과가 됩니다.

대통령당선인의 청와대 이전결정에는 민주적 정당성과 절차적 정당성이 모두 결여되어 있습니다.

대한민국은 민주공화국이며, 국민주권주의를 장식적 헌법으로 둔 제왕적 대통령제나 절대권력이 통치하는 권위주의 국가가 아닌 세계가 부러워하는 대통령제 국가입니다.

청와대는 민족사적 정통성이 숨쉬고 있는 가장 중요한 헌법기관이며 청와대가 서울에 있음으로 서울이 수도가 됩니다.

그러므로 국민들간에 정서적 통일과 국민통합의 원천 역할을 청와대가 해왔습니다.

이만큼 중요한 청와대가 정략적으로 이전되려고 하고 있습니다.

선거공약이 실현성이 없다면 폐기되어야 마땅함에도 당선이후 당초 공약과는 다른 정책을 졸속으로 추진하는 불통(不通)의 정치를 지금 목도하고 있습니다.

국가권력은 자기목적적일 수 없고 기본권에 기속되는 지위에 있습니다.

따라서 찬반국민과 지역주민을 합리적 근거도 없이 차별하여 평등권을 침해할 뿐 아니라 국민의 기본권을 침해하는 대의기관의 권력남용에 대해서 헌법재판소는 신속히 통제해야 하는 역사적 소임이 있습니다.

증 거 서 류

1. 증 제1호증 헌법재판소 2004. 10. 21. 2004헌마554 결정
1. 증 제2호증 청와대 진행중인 국민청원 집계표 1부.
1. 증 제3호증 청와대 진행중인 국민청원 내용 1부.
1. 증 제4호증 대통령 집무실 이전, 찬성 44.6%, 반대 53.7% (2022. 3. 24.) https://www.ytn.co.kr/_ln/0101_202203240003208274
1. 증 제5호증 尹 대통령 집무실 용산 이전…찬성 33.1%, 반대 58.1% (2022. 3. 22.) https://m.mbn.co.kr/news/politics/4722412
1. 증 제6호증 [인터넷] 청와대를 용산 국방부 청사로 이전 여론조사

이전 찬성 42.6%, 반대 57% (2022. 3. 21.)

1. 증 제7호증 김종대, 한겨레 (2022. 3. 20.) '용산 시대' 말하는 권력의 자아도취 https://www.hani.co.kr/arti/opinion/column/1035507.html
1. 증 제8호증 국민일보 (2022. 3. 19.) 尹. 집무실 후보지 답사…"국민 한 분 한 분 의견 소중히" http://news.kmib.co.kr/article/view.asp?arcid=0016884812&code=61111111&sid1=op
1. 증 제9호증 한국경제 (2022. 3. 20.) 尹. 대통령 집무실 용산 이전 공식화…"국가 미래 위한 결단" https://www.hankyung.com/politics/article/2022032067947
1. 증 제10호증 "국민은 청와대 이전을 반대합니다" 의견서 1부.

2022. 4. 8.

청구인 전민정 외 3명
소송대리인 변호사 김기수

헌법재판소 귀중

제5장

청와대 이전 등
금지가처분신청서

청와대를
절대권력의 상징이라고
일반화시키는 오류를 범하면 안 됩니다.

대의기관이
주권자 국민의 뜻을 구하지 않고
청와대를 해체하는 것은
월권입니다.

청와대 이전 등
금지가처분신청서

청구인(신청인)　　　전민정 외 3명

위 청구인의 대리인 변호사 김 기 수

신청취지

1. 대한민국 제20대 대통령선거 대통령당선인이 2022. 3. 20. 청와대를 국방부로 이전하기로 한 결정은 청구인(신청인)들의 제기한 청와대이전결정위헌확인 헌법소원심판청구에 대한 심판일까지 효력을 정지한다.
2. 대한민국 제20대 대통령선거 대통령당선인은 청와대이전에 대한 헌법소원심판청구에 대한 결정이 있을 때까지는 청와대를 국민에 개방하거나 폐쇄하는 등 현상을 변경하는 조치를 취해서는 아니된다.

라는 결정을 구합니다.

침해의 원인

대한민국 제20대 대통령선거 대통령당선인이 2022. 3. 20. 청와대를 국방부로 이전하기로 결정한 권력적 사실행위

침해된 헌법원리

1. 국민주권의 원리(헌법개정안과 국가안위에 대한 중요정책에 대한 국민투표권)

2. 자유민주주의 원리(민주적 선거제도)
3. 문화국가의 원리(전통문화의 계승발전과 민족문화의 창달)
4. 법치국가의 원리(권력분립, 행정의 합법률성과 사법적 통제, 공권력행사의 예측가능성과 신뢰보호의 원칙)
5. 평화국가의 원리(국민의 안전과 자유와 행복)

침해된 기본권(피보전권리)

행복추구권(제10조), 재산권(제23조), 청원권(제26조), 중요정책 국민투표권(제72조), 헌법개정안 국민투표권(제130조), 헌법상 열거되지 않은 기본권(제37조 제1항)

청구이유

1~11. 생략

12. 보전의 필요성

대통령 당선인의 결정은 위와 같이 위헌·위법적인 요소가 있고, 청와대 이전 계획에 따라 국방부내의 합참 등 군사시설이 졸속으로 이전되고, 청와대가 국민에 개방되기 위하여 시설이 철거되는 등 후속조치가 진행되면 다시는 청와대이전결정이 헌법재판소의 결정에 따라 위헌결정이 나더라도, 청와대 등 시설은 다시 회복할 수 없는 상태에 이르게 됩니다.

따라서 청구인들이 제기한 헌법소원에 따른 심판이 내려질때까지는 대통령당선인의 청와대 이전결정을 잠정적으로 정지할 필요성이 있습니다.

따라서 대한민국 제20대 대통령선거 대통령당선인이 2022. 3. 20. 청와대를 국방부로 이전하기로 한 결정은 청구인(신청인)들의 제기한 청와대이전결정위헌확인 헌법소원심판청구에 대한 심판일까지 효력을 정지하고, 대한민국 제20대 대통령선거 대통령당선인은 청와대이전에 대한 헌법소원심판청구에 대한 결정이 있을 때까지는 청와대를 국민에 개방하거나 폐쇄하는 등 현상을 변경하는 조치를 취해서는 아니된다라는 가처분을 신청하는 바입니다.

13. 결 론

청와대는 대한민국 헌법의 관습헌법입니다. 가사 그렇지 않다고 하더라도 청와대는 국가원수, 국군통수권자가 집무하는 국가최고기관으로 외교와 안보의 중심지입니다.

따라서 이러한 국가최고기관을 이전하는 것은 국가의 외교와 안보에 심대한 영향을 미칠 수 있는 국가안위에 대한 중대한 사안입니다.

이러한 중차대한 결정을 자연인인 대통령 당선인 개인의 의지에 의존한다면 이는 법치국가, 문명국가로서의 자격이 없는 것입니다.

따라서 헌법개정의 절차 또는 국민투표를 거치지 아니한 채 청와대를 용산지역으로 이전하는 것은 헌법개정사항을 헌법보다 하위의 규범에 의하여 개정하는 것이거나 그렇지 않더라도 헌법위반의 요소가 수두룩한 것을 용인하게 되는 결과가 됩니다.

대통령당선인의 청와대 이전결정에는 민주적 정당성과 절차적 정당성이 모두 결여되어 있습니다.

대한민국은 민주공화국이며, 국민주권주의를 장식적 헌법으로 둔 제왕적 대통령제나 절대권력이 통치하는 권위주의 국가가 아닌 세계가 부러워하는 대통령제 국가입니다.

청와대는 민족사적 정통성이 숨쉬고 있는 가장 중요한 헌법기관이며 청와대가 서울에 있음으로 서울이 수도가 됩니다.

그러므로 국민들간에 정서적 통일과 국민통합의 원천 역할을 청와대가 해왔습니다.

이만큼 중요한 청와대가 졸략적으로 이전되려고 하고 있습니다.

선거공약이 실현성이 없다면 폐기되어야 마땅함에도 당선이후 당초 공약과는 다른 정책을 졸속으로 추진하는 불통(不通)의 정치를 지금 목도하고 있습니다.

국가권력은 자기목적적일 수 없고 기본권에 기속되는 지위에 있습니다.

따라서 찬반국민과 지역주민을 합리적 근거도 없이 차별하여 평등권을 침해할 뿐 아니라 국민의 기본권을 침해하는 대의기관의 권력남용에 대해서 헌법재판소는 신속히 통제해야 하는 역사적 소임이 있습니다.

증 거 서 류 (제6장 참조)

2022. 4. 8.

청구인 전민정 외 3명
소송대리인 변호사 김기수

헌법재판소 귀중

제6장

증거서류

국민이 원하는 청와대는

산책로가 아니고,
국가와 국민을 위해 목숨을 바칠 각오로 수고하는
존경스러운 지도자가 일하는 일터입니다.

소외계층으로부터
각계각층의 국민을 초청해서
대통령과 소통하고

일생일대의 추억을 제공할 수 있는
최고의 공간이어야 합니다.

증거서류

1. 증 제1호증

헌법재판소 2004. 10. 21. 2004헌마554 결정
(신행정수도의건설을위한특별조치법 위헌확인)

【결정요지】

1. 헌법상 수도의 개념

　일반적으로 한 나라의 수도는 국가권력의 핵심적 사항을 수행

하는 국가기관들이 집중 소재하여 정치·행정의 중추적 기능을 실현하고 대외적으로 그 국가를 상징하는 곳을 의미한다. 헌법기관들 중에서 국민의 대표기관으로서 국민의 정치적 의사를 결정하는 국회와 행정을 통할하며 국가를 대표하는 대통령의 소재지가 어디인가 하는 것은 수도를 결정하는데 있어서 특히 결정적인 요소가 된다. 대통령은 국가원수로서 국가를 상징하고 정부의 수반으로서 국가운용의 최고 통치권자이며 의회는 주권자인 국민이 선출한 대표들로 구성된 대의기관으로서 오늘날의 간접민주주의 통치구조 하에서 주권자의 의사를 대변하고 중요한 국가의사를 결정하는 중추적 역할을 담당하므로 이들 두 개의 국가기관은 국가권력의 중심에 있고 국가의 존재와 특성을 외부적으로 표현하는 중심이 되기 때문이다.

2. 신행정수도의건설을위한특별조치법(이하 '이 사건 법률'이라 한다) 이 수도이전의 의사결정을 포함하는지 여부(적극)

이 사건 법률은 신행정수도를 "국가 정치·행정의 중추기능을 가지는 수도로 새로 건설되는 지역으로서 …… 법률로 정하여지는 지역"이라고 하고(제2조 제1호), 신행정수도의 예정지역을 "주요 헌법기관과 중앙행정기관 등의 이전을 위하여 …… 지정·고시하는 지역"이라고 규정하여(같은 조 제2호), 결국 신행정수도는 주요 헌법기관과 중앙 행정기관들이 소재하여 국가의 정치·행정의 중추기능을 가지는 수도가 되어야 함을 명확히 하고 있다. 따라서 이 사건 법률은 비록 이전되는 주요 국가기관의 범위를 개별적으로 확정하고 있지는 아니하지만, 그 이전의 범위는 신행정수도가 국가의 정치·행정의 중추기능을 담당하기에 충분한 정도가 되어야 함을 요구하고 있다. 그렇다면 이 사건 법률은 국가의 정치·행정의 중추적 기능을 수행하는 국가기관의 소재지로서 헌법상의 수도개념에 포함되는 국가의 수도를 이전하는 내용을 가지는 것이며, 이 사건 법률에 의한 신행정수도의 이전은 곧 우리나라의 수도의 이전을 의미한다.

3. 우리 헌법상 관습헌법이 인정될 수 있는지 여부(적극)

우리나라는 성문헌법을 가진 나라로서 기본적으로 우리 헌법전(憲法典)이 헌법의 법원(法源)이 된다. 그러나 성문헌법이라고 하여도 그 속에 모든 헌법사항을 빠짐없이 완전히 규율하는 것은 불가능하고 또한 헌법은 국가의 기본법으로서 간결성과 함축성을 추구하기 때문에 형식적 헌법전에는 기재되지 아니한 사항이라도 이를 불문헌법(不文憲法) 내지 관습헌법으로 인정할 소지가 있다.

특히 헌법 제정 당시 자명(自明)하거나 전제(前提)된 사항 및 보편적 헌법원리와 같은 것은 반드시 명문의 규정을 두지 아니하는 경우도 있다. 그렇다고 해서 헌법사항에 관하여 형성되는 관행 내지 관례가 전부 관습헌법이 되는 것은 아니고 강제력이 있는 헌법규범으로서 인정되려면 엄격한 요건들이 충족되어야만 하며, 이러한 요건이 충족된 관습만이 관습헌법으로서 성문의 헌법과 동일한 법적 효력을 가진다.

4. 관습헌법 인정의 헌법적 근거

헌법 제1조 제2항은 '대한민국의 주권은 국민에게 있고, 모든 권력은 국민으로부터 나온다.'고 규정한다. 이와 같이 국민이 대한민국의 주권자이며, 국민은 최고의 헌법제정권력이기 때문에 성문헌법의 제·개정에 참여할 뿐만 아니라 헌법전에 포함되지 아니한 헌법사항을 필요에 따라 관습의 형태로 직접 형성할 수 있다. 그렇다면 관습헌법도 성문헌법과 마찬가지로 주권자인 국민의 헌법적 결단의 의사의 표현이며 성문헌법과 동등한 효력을 가진다고 보아야 한다. 국민주권주의는 성문이든 관습이든 실정법 전체의 정립에의 국민의 참여를 요구한다고 할 것이며, 국민에 의하여 정립된 관습헌법은 입법권자를 구속하며 헌법으로서의 효력을 가진다.

5. 관습헌법의 성립요건으로서의 기본적 헌법사항

　관습헌법이 성립하기 위하여서는 관습이 성립하는 사항이 단지 법률로 정할 사항이 아니라 반드시 헌법에 의하여 규율되어 법률에 대하여 효력상 우위를 가져야 할 만큼 헌법적으로 중요한 기본적 사항이 되어야 한다. 일반적으로 실질적인 헌법사항이라고 함은 널리 국가의 조직에 관한 사항이나 국가기관의 권한 구성에 관한 사항 혹은 개인의 국가권력에 대한 지위를 포함하여 말하는 것이지만, 관습헌법은 이와 같은 일반적인 헌법사항에 해당하는 내용 중에서도 특히 국가의 기본적이고 핵심적인 사항으로서 법률에 의하여 규율하는 것이 적합하지 아니한 사항을 대상으로 한다. 일반적인 헌법사항 중 과연 어디까지가 이러한 기본적이고 핵심적인 헌법사항에 해당하는지 여부는 일반추상적인 기준을 설정하여 재단할 수는 없고, 개별적 문제사항에서 헌법적 원칙성과 중요성 및 헌법원리를 통하여 평가하는 구체적 판단에 의하여 확정하여야 한다.

6. 관습헌법의 일반적 성립요건

　관습헌법이 성립하기 위하여서는 관습법의 성립에서 요구되는 일반적 성립 요건이 충족되어야 한다. 첫째, 기본적 헌법사항에 관하여 어떠한 관행 내지 관례가 존재하고, 둘째, 그 관행은 국민이 그 존재를 인식하고 사라지지 않을 관행이라고 인정할 만큼 충분한 기간 동안 반복 내지 계속되어야 하며(반복·계속성), 셋째, 관행은 지속성을 가져야 하는 것으로서 그 중간에 반대되는 관행이 이루어져서는 아니 되고(항상성), 넷째, 관행은 여러 가지 해석이 가능할 정도로 모호한 것이 아닌 명확한 내용을 가진 것이어야 한다(명료성). 또한 다섯째, 이러한 관행이 헌법관습으로서 국민들의 승인 내지 확신 또는 폭넓은 컨센서스를 얻어 국민이 강제력을 가진다고 믿고 있어야 한다(국민적 합의).

7. 수도의 설정과 이전의 헌법적 의의

　헌법기관의 소재지, 특히 국가를 대표하는 대통령과 민주주의적 통치원리에 핵심적 역할을 하는 의회의 소재지를 정하는 문제는 국가의 정체성(正體性)을 표현하는 실질적 헌법사항의 하나이다. 여기서 국가의 정체성이란 국가의 정서적 통일의 원천으로서 그 국민의 역사와 경험, 문화와 정치 및 경제, 그 권력구조나 정신적 상징 등이 종합적으로 표출됨으로써 형성되는 국가적 특성이라 할 수 있다. 수도를 설정하는 것 이외에도 국명(國名)을 정하는 것, 우리말을 국어(國語)로 하고 우리글을 한글로 하는 것, 영토를 획정하고 국가주권의 소재를 밝히는 것 등이 국가의 정체성에 관한 기본적 헌법사항이 된다고 할 것이다. 수도를 설정하거나 이전하는 것은 국회와 대통령 등 최고 헌법기관들의 위치를 설정하여 국가조직의 근간을 장소적으로 배치하는 것으로서, 국가생활에 관한 국민의 근본적 결단임과 동시에 국가를 구성하는 기반이 되는 핵심적 헌법사항에 속한다.

8. '우리나라의 수도가 서울인 점'이 자명하고 전제된 헌법규범으로서 불문헌법으로 인정될 수 있는지 여부(적극)

우리 헌법전상으로는 '수도가 서울'이라는 명문의 조항이 존재하지 아니한다. 그러나 현재의 서울 지역이 수도인 것은 그 명칭상으로도 자명한 것으로서, 대한민국의 성립 이전부터 국민들이 이미 역사적, 전통적 사실로 의식적 혹은 무의식적으로 인식하고 있었으며, 대한민국의 건국에 즈음하여서도 국가의 기본구성에 관한 당연한 전제사실 내지 자명한 사실로서 아무런 의문도 제기될 수 없는 것이었다. 따라서 제헌헌법 등 우리 헌법제정의 시초부터 '서울에 수도(서울)를 둔다.'는 등의 동어반복적인 당연한 사실을 확인하는 헌법조항을 설치하는 것은 무의미하고 불필요한 것이었다. 서울이 바로 수도인 것은 국가생활의 오랜 전통과 관습에서 확고하게 형성된 자명한 사실 또는 전제된 사실로서 모든 국민이 우리나라의 국가구성에 관한 강제력 있는 법규범으로 인식하고 있는 것이다.

9. '우리나라의 수도가 서울인 점'이 관습헌법으로 인정될 수 있는지 여부(적극)

서울이 우리나라의 수도인 것은 조선시대 이래 600여 년 간 우리나라의 국가생활에 관한 당연한 규범적 사실이 되어 왔으므로 우리나라의 국가생활에 있어서 전통적으로 형성되어있는 계속적 관행이라고 평가할 수 있고(계속성), 이러한 관행은 변함없이 오랜 기간 실효적으로 지속되어 중간에 깨어진 일이 없으며(항상성), 서울이 수도라는 사실은 우리나라의 국민이라면 개인적 견해 차이를 보일 수 없는 명확한 내용을 가진 것이며(명료성), 나아가 이러한 관행은 오랜 세월간 굳어져 와서 국민들의 승인과 폭넓은 컨센서스를 이미 얻어(국민적 합의) 국민이 실효성과 강제력을 가진다고 믿고 있는 국가생활의 기본사항이라고 할 것이다. 따라서 서울이 수도라는 점은 우리의 제정헌법이 있기 전부터 전통적으로 존재하여온 헌법적 관습이며 우리 헌법조항에서 명문으로 밝힌 것은 아니지만 자명하고 헌법에 전제된 규범으로서, 관습헌법으로 성립된 불문헌법에 해당한다.

10. '우리나라의 수도가 서울인 점'이 단순한 사실명제가 아니라 규범명제인지 여부(적극)

관습헌법의 제 요건을 갖추고 있는 '서울이 수도인 사실'은 단순한 사실명제가 아니고 헌법적 효력을 가지는 불문의 헌법규범으로 승화된 것이며, 사실명제로부터 당위명제를 도출해 낸 것이 아니라 그 규범력에 대한 다툼이 없이 이어져 오면서 그 규범성이 사실명제의 뒤에 잠재되어 왔을 뿐이다.

11. 관습헌법의 폐지와 사멸

어느 법규범이 관습헌법으로 인정된다면 그 개정가능성을 가지게 된다. 관습헌법도 헌법의 일부로서 성문헌법의 경우와 동일한 효력을 가지기 때문에 그 법규범은 최소한 헌법 제130조에 의거한 헌법개정의 방법에 의하여만 개정될 수 있다. 따라서 재적의원 3분의 2 이상의 찬성에 의한 국회의 의결을 얻은 다음(헌법 제130조 제1항) 국민투표에 붙여 국회의원 선거권자 과반수의 투표와 투표자 과반수의 찬성을 얻어야 한다(헌법 제130조 제3항). 다만 이 경우 관습헌법규범은 헌법전에 그에 상반하는 법규범을 첨가함에 의하여 폐지하게 되는 점에서, 헌법전으로부터 관계되는 헌법조항을 삭제함으로써 폐지되는 성문헌법규범과는 구분된다. 한편 이러한 형식적인 헌법개정 외에도, 관습헌법은 그것을 지탱하고 있는 국민적 합의성을 상실함에 의하여 법적 효력을 상실할 수 있다. 관습헌법은 주권자인 국민에 의하여 유효한 헌법규범으로 인정되는 동안에만 존속하는 것이며, 관습법의 존속요건의 하나인 국민적 합의성이 소멸되면 관습헌법으로서의 법적 효력도 상실하게 된다. 관습헌법의 요건들은 그 성립의 요건일 뿐만 아니라 효력 유지의 요건이다.

12. 관습헌법을 하위 법률의 형식으로 의식적으로 개정할 수 있는지 여부(소극)

우리나라와 같은 성문의 경성헌법 체제에서 인정되는 관습헌법 사항은 하위규범형식인 법률에 의하여 개정될 수 없다. 영국과 같이 불문의 연성헌법 체제에서는 법률에 대하여 우위를 가지는 헌법전이라는 규범형식이 존재하지 아니하므로 헌법사항의 개정은 일반적으로 법률개정의 방법에 의할 수밖에 없을 것이다. 그러나 우리 헌법의 경우 헌법 제10장 제128조 내지 제130조는 일반법률의 개정절차와는 다른 엄격한 헌법개정절차를 정하고 있으며, 동 헌법개정절차의 대상을 단지 '헌법'이라고만 하고 있다. 따라서 관습헌법도 헌법에 해당하는 이상 여기서 말하는 헌법개정의 대상인 헌법에 포함된다고 보아야 한다. 이와 같이 헌법의 개정절차와 법률의 개정절차를 준별하고 헌법의 개정절차를 엄격히 한 우리 헌법의 체제 내에서 만약 관습헌법을 법률에 의하여 개정할 수 있다고 한다면 이는 관습헌법을 더 이상 '헌법'으로 인정한 것이 아니고 단지 관습'법률'로 인정하는 것이며, 결국 관습헌법의 존재를 부정하는 것이 된다. 이러한 결과는 성문헌법체제하에서도 관습헌법을 인정하는 대전제와 논리적으로 모순된 것이므로 우리 헌법체제상 수용될 수 없다.

13. '우리나라의 수도가 서울인 점'에 대한 관습헌법을 폐지하기 위해서는 헌법개정이 필요한지 여부(적극)

우리나라의 수도가 서울이라는 점에 대한 관습헌법을 폐지하기 위해서는 헌법이 정한 절차에 따른 헌법개정이 이루어져야 한다. 이 경우 성문의 조항과 다른 것은 성문의 수도조항이 존재한다면 이를 삭제하는 내용의 개정이 필요하겠지만 관습헌법은 이에 반하는 내용의 새로운 수도설정조항을 헌법에 넣는 것만으로 그 폐지가 이루어지는 점에 있다. 다만 헌법규범으로 정립된 관습이라고 하더라도 세월의 흐름과 헌법적 상황의 변화에 따라 이에 대한 침범이 발생하고 나아가 그 위반이 일반화되어 그 법적 효력에 대한 국민적 합의가 상실되기에 이른 경우에는 관습헌법은 자연히 사멸하게 된다. 이와 같은 사멸을 인정하기 위하여서는 국민에 대한 종합적 의사의 확인으로서 국민투표 등 모두가 신뢰할 수 있는 방법이 고려될 여지도 있을 것이다. 그러나 이 사건의 경우에 이러한 사멸의 사정은 확인되지 않는다. 따라서 우리나라의 수도가 서울인 것은 우리 헌법상 관습헌법으로 정립된 사항이며 여기에는 아무런 사정의 변화도 없다고 할 것이므로 이를 폐지하기 위해서는 반드시 헌법개정의 절차에 의하여야 한다.

14. 이 사건 법률이 헌법 제130조에 따라 헌법개정절차에 있어 국민이 가지는 국민투표권을 침해하여 위헌인지 여부 (적극)

서울이 우리나라의 수도인 점은 불문의 관습헌법이므로 헌법개정절차에 의하여 새로운 수도 설정의 헌법조항을 신설함으로써 실효되지 아니하는 한 헌법으로서의 효력을 가진다. 따라서 헌법개정의 절차를 거치지 아니한 채 수도를 충청권의 일부지역으로 이전하는 것을 내용으로 한 이 사건 법률을 제정하는 것은 헌법개정사항을 헌법보다 하위의 일반 법률에 의하여 개정하는 것이 된다. 한편 헌법 제130조에 의하면 헌법의 개정은 반드시 국민투표를 거쳐야만 하므로 국민은 헌법개정에 관하여 찬반투표를 통하여 그 의견을 표명할 권리를 가진다. 그런데 이 사건 법률은 헌법개정사항인 수도의 이전을 헌법개정의 절차를 밟지 아니하고 단지 단순 법률의 형태로 실현시킨 것으로서 결국 헌법 제130조에 따라 헌법개정에 있어서 국민이 가지는 참정권적 기본권인 국민투표권의 행사를 배제한 것이므로 동 권리를 침해하여 헌법에 위반된다.

1. 증 제2호증

청와대 진행중인 국민청원 집계표 (2022. 4. 14. 기준)

Ⅰ. 청와대 이전 반대

No	청원인	청원시작	청원마감	참여인원	청원내용 링크
1	kakao — ***	2022-03-17	2022-04-16	543,510명	https://www1.president.go.kr/petitions/604773
2	naver — ***	2022-03-17	2022-04-16	210,671명	https://www1.president.go.kr/petitions/604792
3	kakao — ***	2022-03-18	2022-04-17	38,949명	https://www1.president.go.kr/petitions/604813
4	twitter — ***	2022-03-17	2022-04-16	16,468명	https://www1.president.go.kr/petitions/604771
5	kakao — ***	2022-03-18	2022-04-17	14,687명	https://www1.president.go.kr/petitions/604801
6	kakao — ***	2022-03-21	2022-04-20	11,036명	https://www1.president.go.kr/petitions/604864
7	kakao — ***	2022-03-21	2022-04-20	8,700명	https://www1.president.go.kr/petitions/604860
8	kakao — ***	2022-03-18	2022-04-17	7,545명	https://www1.president.go.kr/petitions/604800
9	twitter — ***	2022-03-28	2022-04-27	8,488명	https://www1.president.go.kr/petitions/604951
10	naver — ***	2022-03-18	2022-04-17	6,815명	https://www1.president.go.kr/petitions/604814
11	naver — ***	2022-03-15	2022-04-14	6,618명	https://www1.president.go.kr/petitions/604730
12	naver — ***	2022-03-28	2022-04-27	6,212명	https://www1.president.go.kr/petitions/604965

No	청원인	청원시작	청원마감	참여인원	청원내용 링크
13	naver-***	2022-03-21	2022-04-20	5,936명	https://www1.president.go.kr/petitions/604850
14	naver-***	2022-03-21	2022-04-20	5,456명	https://www1.president.go.kr/petitions/604840
15	kakao-***	2022-03-21	2022-04-20	5,253명	https://www1.president.go.kr/petitions/604849
16	kakao-***	2022-03-22	2022-04-21	4,921명	https://www1.president.go.kr/petitions/604875
17	facebook_***	2022-03-28	2022-04-27	4,767명	https://www1.president.go.kr/petitions/604985
18	naver-***	2022-03-22	2022-04-21	4,598명	https://www1.president.go.kr/petitions/604882
19	naver-***	2022-03-18	2022-04-17	4,327명	https://www1.president.go.kr/petitions/604796
20	naver-***	2022-03-21	2022-04-20	4,081명	https://www1.president.go.kr/petitions/604847
21	kakao-***	2022-03-22	2022-04-21	3,741명	https://www1.president.go.kr/petitions/604888
22	facebook_***	2022-03-21	2022-04-20	3,576명	https://www1.president.go.kr/petitions/604842
23	naver-***	2022-03-23	2022-04-22	3,074명	https://www1.president.go.kr/petitions/604917
24	naver-***	2022-03-23	2022-04-22	2,542명	https://www1.president.go.kr/petitions/604914
25	naver-***	2022-03-24	2022-04-23	2,051명	https://www1.president.go.kr/petitions/604927
26	facebook_***	2022-04-04	2022-05-04	2,406명	https://www1.president.go.kr/petitions/605050
27	kakao-***	2022-03-24	2022-04-23	1,739명	https://www1.president.go.kr/petitions/604928
28	kakao-***	2022-03-24	2022-04-23	1,616명	https://www1.president.go.kr/petitions/604931

No	청원인	청원시작	청원마감	참여인원	청원내용 링크
29	kakao-***	2022-03-21	2022-04-20	1,573명	https://www1.president.go.kr/petitions/604853
30	kakao-***	2022-03-21	2022-04-20	1,093명	https://www1.president.go.kr/petitions/604835
31	facebook_***	2022-03-21	2022-04-20	868명	https://www1.president.go.kr/petitions/604829
32	kakao-***	2022-03-24	2022-04-23	367명	https://www1.president.go.kr/petitions/604929
4월 7일까지 청원동의				943,684명	

Ⅱ. 군사보안 누설로 이전 반대

No	청원인	청원시작	청원마감	참여인원	청원내용 링크
1	naver-***	2022-03-21	2022-04-20	133,530명	https://www1.president.go.kr/petitions/604824
2	naver-***	2022-03-23	2022-04-22	10,678명	https://www1.president.go.kr/petitions/604921
3	naver-***	2022-03-22	2022-04-21	10,063명	https://www1.president.go.kr/petitions/604873
4	kakao-***	2022-03-22	2022-04-21	4,284명	https://www1.president.go.kr/petitions/604891
5	twitter-***	2022-03-25	2022-04-24	61,657명	https://www1.president.go.kr/petitions/604942
4월 7일까지 청원동의				220,212명	

Ⅲ. 청와대 이전 찬성

No	청원인	청원시작	청원마감	참여인원	청원내용 링크
1	naver — ***	2022-03-18	2022-04-17	175,557명	https://www1.president.go.kr/petitions/604818
2	kakao — ***	2022-03-24	2022-04-23	1,793명	https://www1.president.go.kr/petitions/604922
3	kakao — ***	2022-03-22	2022-04-21	959명	https://www1.president.go.kr/petitions/604890
4월 7일까지 청원동의				178,309명	

총 참여인원

Ⅰ. 청와대 이전 반대 Ⅱ. 군사보안 누설로 이전 반대	1,163,896명
Ⅲ. 청와대 이전 찬성	178,309명

※ 참여인원은 2022. 4. 14. 11:00 기준이므로 2022. 5. 4. 까지 청원 참여 인원은 증가할 수 있음

1. 증 제3호증

청와대 이전 관련 진행중인 국민청원

(2022년 4월 14일 기준)

청원의 자세한 내용은
청와대 홈페이지 국민청원에서 확인할 수 있습니다.

Ⅰ. 청와대 이전 반대 청원 (1~32번)

1. 윤석열 당선인 집무실 만들고자, 국가안전 중추인 국방부를 강압 이전하여, 국민의 혈세 수천억을 날리는 것을 막아주십시오.
   ○ 청원기간 (2022-03-17 ~ 2022-04-16) ○ 청원인 kakao – ***

2. 제 20대 대통령의 집무실 이전에 반대합니다.
   ○ 청원기간 (2022-03-17 ~ 2022-04-16) ○ 청원인 naver – ***

3. 대통령 집무실을 청와대에서 서울 용산의 국방부 청사로 이전하는 방안을 강력히 반대합니다.
   ○ 청원기간 (2022-03-18 ~ 2022-04-17) ○ 청원인 kakao – ***

4. 대통령 집무실 용산 이전을 강력하게 반대합니다. 풍수지리 무속에 의한 결정이 아닌지 의심되는 무리한 이전을 반대합니다.
   ○ 청원기간 (2022-03-17 ~ 2022-04-16) ○ 청원인 twitter – ***

5. 새 정부의 청와대 이전 계획에 반대합니다.
   ○ 청원기간 (2022-03-18 ~ 2022-04-17) ○ 청원인 kakao – ***

6. 대통령집무실 용산이전 반대 촛불집회를 제안합니다.
   ○ 청원기간 (2022-03-21 ~ 2022-04-20) ○ 청원인 kakao – ***

7. 집무실 이전 반대합니다. 국민과의 소통이 진실이라면~~국
   ○ 청원기간 (2022-03-21 ~ 2022-04-20) ○ 청원인 kakao – ***

8. 윤 당선자의 초법적 대통령 권한 침해 행위에 대한 적극적인 대응과 조치를 촉구합니다.
   ○ 청원기간 (2022-03-18 ~ 2022-04-17) ○ 청원인 kakao – ***

9. "당선인 권한을 넘는 집무실 이전 강행요구" "여론조사 의미 없다" "임명권자 인사권 부정" 등 민주주의를 부정하는 윤석열 당선인의 탄핵을 청원합니다.
   ○ 청원기간 (2022-03-28 ~ 2022-04-27) ○ 청원인 twitter - ***

10. 청와대 이전에 대한 의견
    ○ 청원기간 (2022-03-18 ~ 2022-04-17) ○ 청원인 naver - ***

11. 윤석열 대통령 당선인께서는 청와대로 관저를 결정하여 주시길 바랍니다.
    ○ 청원기간 (2022-03-15 ~ 2022-04-14) ○ 청원인 naver - ***

12. 청와대 이전 개방 국회과반수와 국민투표 동의 실시
    ○ 청원기간 (2022-03-28 ~ 2022-04-27) ○ 청원인 naver - ***

13. 국민들의 여론을 무시하는 청와대 이전 공약 당장 중단하라.
    ○ 청원기간 (2022-03-21 ~ 2022-04-20) ○ 청원인 naver - ***

14. 윤석열 대통령 당선인의 청와대 이전을 반대합니다.
    ○ 청원기간 (2022-03-21 ~ 2022-04-20) ○ 청원인 naver - ***

15. '청와대 대통령 집무실 이전' 반대
   ○ 청원기간 (2022-03-21 ~ 2022-04-20) ○ 청원인 kakao - ***

16. 청와대 이전 문제는 국민투표로 결정해야합니다.
   청원기간 (2022-03-22 ~ 2022-04-21) 청원인 kakao - ***

17. 청와대 개방및 이전을 국회에서 막아주세요!
   ○ 청원기간 (2022-03-28 ~ 2022-04-27) ○ 청원인 facebook-***

18. 윤석열 당선인의 집무실 이전을 막아주세요!
   ○ 청원기간 (2022-03-22 ~ 2022-04-21) ○ 청원인 naver - ***

19. 윤석열 대통령 당선인의 관저 이전 결정을 철회해주세요!
   ○ 청원기간 (2022-03-18 ~ 2022-04-17) ○ 청원인 naver - ***

20. 청와대 이전을 반대합니다!!!
   ○ 청원기간 (2022-03-21 ~ 2022-04-20) ○ 청원인 naver - ***

21. 대통령 집무실 용산이전 반대, 찬성 국민여론조사 실시후 결정요청
   ○ 청원기간 (2022-03-22 ~ 2022-04-21) ○ 청원인 kakao - ***

22. 청와대를 옮긴다면 국민투표를
   ○ 청원기간 (2022-03-21 ~ 2022-04-20) ○ 청원인 facebook-***

23. 청와대의 지위와 이전에 관한 법률 제정을 촉구합니다!
   ○ 청원기간 (2022-03-23 ~ 2022-04-22) ○ 청원인 naver - ***

24. 청와대 이전 비용을 소상공인을 위해 사용해주세요!
   ○ 청원기간 (2022-03-23 ~ 2022-04-22) ○ 청원인 naver - ***

25. 윤석열 당선인은 지휘소 이동훈련 해보셨나요? 청와대 국민들에게 돌려줘도 우리 삶은 나아지지 않습니다.
   ○ 청원기간 (2022-03-24 ~ 2022-04-23) ○ 청원인 naver - ***

26. 대통령의 권한은 5년이다. 청와대 원형보존과 지하벙커 훼손을 막아주세요.
   ○ 청원기간 (2022-04-04 ~ 2022-05-04) ○ 청원인 facebook-***

27. 윤석열 대통령 당선인께 당부드립니다. 꼭 읽어봐 주세요.
   ○ 청원기간 (2022-03-24 ~ 2022-04-23) ○ 청원인 kakao - ***

28. 대통령 집무실에 관한 법률을 제정해 주십시오.
   ○ 청원기간 (2022-03-24 ~ 2022-04-23) ○ 청원인 kakao - ***

29. 법대로 청와대 점령하시라!
   ○ 청원기간 (2022-03-21 ~ 2022-04-20) ○ 청원인 kakao - ***

30. 국방부 본부 및 합참 이전을 요구하는 세력 조사를 청원합니다.
   ○ 청원기간 (2022-03-21 ~ 2022-04-20) ○ 청원인 kakao - ***

31. 대통령 당선인에게 꼭 좀 전해주세요.
   ○ 청원기간 (2022-03-21 ~ 2022-04-20) ○ 청원인 facebook-***

32. 대통령관저로 총리공관을 추천합니다.
   ○ 청원기간 (2022-03-24 ~ 2022-04-23) ○ 청원인 kakao - ***

II. 군사보안 누설로 용산 이전 반대 (1~5)

1. 국가보안법 목적수행죄 위반 윤석열 당선자를 처벌해주세요.
   ○ 청원기간 (2022-03-21 ~ 2022-04-20) ○ 청원인 naver - ***

2. 윤석열 당선자를 군사기밀누설죄로 처벌해야 합니다.
   ○ 청원기간 (2022-03-23 ~ 2022-04-22) ○ 청원인 naver - ***

3. 군사기밀보호법을 위반한 대통령 당선자를 처벌 및 탄핵해 주십시오.
   ○ 청원기간 (2022-03-22 ~ 2022-04-21) ○ 청원인 naver - ***

4. 윤석열 당선인의 군사기밀보호법 위반에 대해 엄정한 수사를 요청합니다.
   ○ 청원기간 (2022-03-22 ~ 2022-04-21) ○ 청원인 kakao - ***

5. 윤석열 당선인 당선취소 국민투표 진행해주십시오.
   ○ 청원기간 (2022-03-25 ~ 2022-04-24) ○ 청원인 twitter - ***

Ⅲ. 청와대 이전 찬성 청원 (1~3)

1. 당선인의 대통령집무실과 공관이전을 찬성합니다. 공약이행을 반드시 해주시길 청원드립니다.
   ○ 청원기간 (2022-03-18 ~ 2022-04-17) ○ 청원인 naver – ***

2. 문재인 대통령님. 윤석열 대통령 당선인의 대통령 집무실 용산이전을 적극 협조 지원바랍니다.
   ○ 청원기간 (2022-03-24 ~ 2022-04-23) ○ 청원인 kakao – ***

3. 청와대 자리에 대한민국 국가공원과 건국기념관을 만들어 국민통합을 이룩하자.
   ○ 청원기간 (2022-03-22 ~ 2022-04-21) ○ 청원인 kakao – ***

1. 증 제4호증

[리얼미터] 청와대 용산 이전 여론조사 (2022. 3. 24.)
이전 찬성 44.6%, 반대 53.7%

www.realmeter.net

기간 : 2022. 3. 22.
대상 : 전국 만 18세 이상 6,547명 (응답률 7.6%)
의뢰 : 미디어헤럴드

1. 증 제5호증

[미디어토마토] 청와대 용산 이전 여론조사 (2022. 3. 22.)
이전 찬성 33.1%, 반대 58.1%

www.newstomato.com

기간 : 2022. 3. 19. ~ 20.
대상 : 전국 만 18세 이상 1,018명
　　　(95% 신뢰수준, 표본오차 ±3.1%p)
의뢰 : 뉴스토마토

연령대 별		지역 별 수도권 이전 반대 우세	
		서울	찬성 30.2% · 반대 62.1%
20대	찬성 31.1% · 반대 54.4%	경기/인천	찬성 35% · 반대 57%
30대	찬성 31.9% · 반대 57.1%	대전/충청/세종	찬성 39% · 반대 53.4%
40대	찬성 27.9% · 반대 65.9%	광주/전라	찬성 8% · 반대 83.7%
50대	찬성 26.8% · 반대 68%	대구/경북	찬성 43.8% · 반대 43.8%
60대	찬성 42.5% · 반대 49.4%	부산/울산/경남	찬성 37.8% · 반대 51.7%
		강원/제주	찬성 34.4% · 반대 57.5%

1. 증 제6호증

[인터넷] 청와대를 용산 국방부 청사로 이전 여론조사 (2022. 3. 21.)
이전 찬성 42.6%, 반대 57%

〈추가 여론조사〉

[한국갤럽]
데일리 오피니언 제488호 2022년 3월 4주
질문) 대통령 당선인은 집무실을 청와대에서 용산으로 이전할 방침입니다. 귀하는 이에 대해 어떤 의견이십니까?
이전 찬성 36%, 반대 53%

www.gallup.co.kr

기간 : 2022. 3. 22. ~ 24.
대상 : 전국 만 18세 이상 1,000명 대상
      (표본오차 95% 신뢰수준에 ±3.1%p)

[한국리서치]

청와대 집무실 이전 여론조사 … 이전 찬성 40.6%, 반대 53.8%

www.hrc.co.kr

기간 : 2022. 3. 23. ~ 24.
대상 : 전국 유권자 1,000명 유무선 전화 (표본오차 95% 신뢰
    수준에 ±3.1%p)
의뢰 : 뉴스토마토

[서던포스트알앤씨]

대통령 집무실 용산 이전 … 이전 찬성 42.9%, 반대 53.6%

www.southernpost.co.kr

기간 : 2022. 3. 22. ~ 23.
대상 : 전국 유권자 1,000명 대상
의뢰 : CBS

청와대 이전 여론조사 결과 요약

발표일	여론조사기관	이전 찬성	이전 반대
2022. 3. 24.	리얼미터 미디어헤럴드 의뢰	44.6%	53.7%
2022. 3. 22.	미디어토마토 뉴스토마토 의뢰	33.1%	58.1%
2022. 3. 21.	인터넷조사	42.6%	57%
2022. 3. 25.	한국갤럽	36%	53%
2022. 3. 24.	한국리서치 KBS 의뢰	40.6%	53.8%
2022. 3. 24.	서던포스트알엔씨 CBS 의뢰	42.9%	53.6%

1. 증 제7호증

한겨레 (2022. 3. 20.)
김종대, '용산 시대' 말하는 권력의 자아도취
https://www.hani.co.kr/arti/opinion/column/1035507.html

1. 증 제8호증

국민일보 (2022. 3. 19.)
尹. 집무실 후보지 답사…"국민 한 분 한 분 의견 소중히"
http://news.kmib.co.kr/article/view.asp?arcid=0016884812&code=61111111&sid1=op

1. 증 제9호증

한국경제 (2022. 3. 20.)
尹. 대통령 집무실 용산 이전 공식화…"국가 미래 위한 결단"
https://www.hankyung.com/politics/article/2022032067947

1. 증 제10호증
대통령직인수위원회에 제출된 의견서 (2022. 3. 19.)

국민은 청와대 이전을 반대합니다!

청와대 이전은 국민의 뜻이 아닙니다.

국민이 청와대를 돌려달라고 말하지 않았습니다. 윤석열 대통령은 이번에 국민의 충언을 수용해야 합니다. 수천억 혈세 낭비하면서 국방부 이전시키고 집무실을 용산으로 이전하겠다는 것은 상식에 어긋납니다. 국민들은 종북 좌익세력, 부패세력, 반법치세력을 척결해달라고 당선인을 지지하였지 청와대를 공원으로 만들어달라고 지지하지 않았습니다.

편향된 이념을 가진 문재인 대통령과 같은 지도자가 헌법정신을 훼손하며 제멋대로 정치한 것이 잘못이었지 청와대 터는 국민과의 소통에 전혀 문제가 없습니다. 좌파는 북한에 가서 대한민국 대통령이라고 하지 않고 남쪽 대통령이라고 하였습니다. 남북연방제국가를 대비하여 수도 서울을 세종으로 만들려고 하다가 실패하기도 하였습니다. 좌파가 광화문 대통령 시대를 열겠다고 한 것은 소통차원을 넘어 대한민국 정체성 파괴의 의도가 있었다고 봅니다. 이는 대한민국의 정체성을 지키는 차원에서 청와대가 중요함을 의미하며 결코 좌파의 함정에 빠져서는 안됩니다. 다른 나라와는 다르게 5천년 역사에 동양적 전통과 자유민주주의 그리고 남북대치의 안보현실을 고려한 우리만의 요새로 70여 년간 독특하게 형성하여 온 청와대를 졸속으로 해체하는 행위는 지각있는 많은 국민들로부터 우려를 사고 있습니다. 청와대로 들어가 깨끗하게 좌파 적폐청산하시고 청와대는 후임 대통령에게 보다 좋게 넘겨주셔야 합니다. 청와대는 대한민국의 국격이고 상징이므로 절대 없애면 안됩니다. 국가에는 품격이 있고 지도자의 권위와 령이 서야 기강이 바로 잡힙니다. 건국부터 자리를 지켜 온 청와대의 터는 문제가 없습니다. 대한민국의 정통성이 그곳에 숨쉬고 있습니다.

　국민과의 소통을 중시하는 자세는 분명 훌륭합니다. 그러나 보수는 가치를 소중히 지킬 줄 알아야 합니다. 국민과의 소통을 위하여 청와대 해체라는 극단적인 선택을 하는 것은 결코 바람직하지 않습니다. 소통과 가치보존 모두 살릴 수 있는 대안은 광화문에 간소하게 집무실을 설치하고 월 1회에서 분기 1회 정도 출근하여 회의하거나 기자회견하는 방안을 제안합니다. 이는 예산과 민폐를 최소화할 수 있고 국민과의 약속도 지킬수 있으며 무엇보다 청와대의 모든 기능을 유지할 수 있다는 점에서 모두가 공감하고 찬탄하게 될 것입니다. 그렇게 해야 국정을 추진함에 있어서 동력을 잃지 않게 됩니다. 무리한 추진은 반대 여론을 확산시켜 국정 운영에 지장을 줄 수 있습니다.

과거 이념을 잘 모르시고 수많은 애국자들을 적폐청산이라는 명목으로 교도소에 보낸 것과 같은 극단적인 결정을 하면 안됩니다. 수도는 서울이듯이 대한민국 지도자의 자리는 청와대에 있습니다. 국민이 진정 원하는 것은 훌륭한 대통령이 있는 자랑스런 청와대로 돌려받는 것입니다. 지도자들도 사람인지라 부족함이 있었고 그리하여 고난도 많았지만 청와대는 경복궁과 광화문 등 오백년 도읍지에 닿아있는 선조의 얼이 서려있고 대한민국 건국부터 발전까지 역사의 숨결이 살아 숨쉬는 거룩한 땅입니다. 깊은 성찰 없이 산책하는 놀이공원으로 만들면 안됩니다. 우리 손으로 집을 허물면 안됩니다!

청와대 이전은 국민적 합의가 필요한 중대한 사안입니다. 수도 서울이 관습헌법이었듯 청와대 역시 국민 마음 속에 자리잡은 국가원수가 거하는 대한민국의 구심점같은 가치로 규범화되어있는 관습헌법입니다. 국민적 합의없이 청와대를 이전한다면 위헌의 소지가 다분하고 잘못된 선례를 남기게 됩니다. 대통령의 모든 국법상 행위는 문서로써 해야하고 국무회의 심의를 거쳐야 합니다. 이런 헌법적 절차를 무시하고 강행하는 것은 대통령 임기시작과 동시에 탄핵사유의 빌미를 줄 수 있어 지지한 국민을 배신하는 행위가 될 수 있습니다. 또한 당선인의 주관적 판단으로 청와대를 이전한다면 차기 대통령도 이전을 원할 수 있고 통일이 되면 또 다시 이전할 수 있어서 그때마다 국론분열과 예산낭비의 악순환이 발생할 수 있습니다.

윤석열 당선인은 청와대를 절대권력의 상징이라고 일반화시키는 오류를 범하였습니다. 역대 대통령들이 인간적인 한계가 있었다고 절대권력을 누린 독재자라고 할 수는 없습니다. 반체제 세력은 절대권력으로 간주하는 경향이 있지만 일반 국민들은 그렇게 생각하지 않습니다. 절대권력이면 대통령들마다 교도소에 수감될 수가 있었겠습니까? 청와대는 헌법이 부여한 대한민국 최고의 권력자이자 권위의 상징입니다. 역대 애국자 대통령들은 정도의 차이는 있지만 국가를 위해 최선을 다하였고 나름대로 기여한 바가 모두 있습니다. 그분들을 싸잡아 절대권력자들로 폄하하고 윤석열 당선인만이 절대권력을 국민을 위해 내려놓는 것처럼 보이게 하는 것은 공정과 상식이 아닙니다. 청와대를 국민에게 돌려드린다고 하면서 이것이 마치 절대권력을 내려놓는 것으로 호도하여 역대 대통령들과 차별화시키려고 하는 것은 역대 대통령들을 존경하는 국민들의 마음에 상처를 주는 것입니다. 역대 대통령들은 척박한 이 땅에 공산주의의 도전을 물리치고 건국을 이뤄냈으며, 전쟁의 폐허속에서 경제발전과 인권선진국을 이끌어낸 자랑스러운 우리의 지도자들이었습니다. 대한민국의 지도자들은 어려운 여건에서 자유민주주의 국가로 시작하여 최선을 다해 열심히 일했습니다. 그 결과 세계가 놀랄 정도의 기적의 대한민국으로 급성장하였고 그 중심에는 우리의 대통령들이 계셨고 그분들이 머물렀던 청와대는 성장의 원동력이었습니다. 윤석열 당선인은 역대 대통령의 공과를 국민들이 바르게 이해하도록 하고 애국자 선배 대통령들의 유업을 이어받으려는 겸손한 자세가 필요합니다. 역대 대통령들이 청와대에서 마치 절대권력을 행사하였던 것처럼 국민들에게 잘못된 인식을 심어주면 안됩니다.

무슨 사정이 있으신지는 모르겠지만 헌법정신을 늘 강조하여 오신 윤석열 당선인께서 독단에 빠져 오판하지 않기를 충심으로 바랍니다. 청와대는 대통령 한 사람이 독단적으로 해체할 수 없는 오랜 세월 영욕이 있고 공과가 있고 아픔이 있지만 나라를 발전시킨 핵심으로 자랑스러운 대한민국의 역사이자 상징이며 국격입니다. 국민이 원하는 청와대는 산책로가 아니라 국가와 국민을 위해 목숨을 바칠 각오로 수고하는 존경스러운 지도자가 일하는 일터입니다. 윤 당선인께서도 애국자 대통령들 못지않게 청와대에서 국정을 잘 이끌어 주십시오. 문재인 정권의 적폐를 깨끗하게 청소하여 자랑스러운 청와대로 돌려주십시오. 소외계층부터 각계각층 국민도 많이 자주 초청해서 격려해주십시오. 국민이 청와대를 바라볼 때 애국심으로 가슴이 벅차오르는 성지와 같은 곳으로 후세에 물려줘야 합니다. 이스라엘의 예루살렘 성전처럼 청와대를 귀하게 여겨야 합니다. 5년 동안 더 의미있고 아름답게 가꿔서 찾아오는 국민들의 마음을 뿌듯하게 만들어 주는 청와대가 되어주기를 기대합니다.

2022. 3. 19.

제출인 전민정

대통령직인수위원회 귀중

부록

청와대 이전에 관한
전문가 견해

국민이 청와대를 바라볼 때

애국심으로 가슴이 벅차오르는
거룩한 성지로 가꾸어야 합니다.

청와대 이전에 관한 전문가 견해

01 보수논객 조갑제

[조갑제TV] 청와대는 "천하제일복지(天下第一福地)" 2022. 4. 4.
https://youtu.be/5S6zBevf4iE

우리나라에서는 대통령을 비판할 때 제왕적 대통령이라는 말을 자주 씁니다. 역대 대통령들 중에 한 사람도 제왕과 같은 권력을 행사한 사람은 없습니다. 가장 오래 계셨던 박정희 대통령도 제왕은 아니었습니다. 제왕은 독재자라는 말과 함께 세습 권력이란 말이 포함됩니다. 그러면 제왕적 권력이란 말은 거짓말입니다. 비열한 선동입니다. 지난 대통령들은 나름대로 다 열심히 했다고 봐야 합니다. 그런데 다 묶어가지고 제왕적 권력이었다고 하면은 역사 부정이 됩니다. 그리고 논리 모순이 생깁니다. 제왕적 권력이 지난 74년 동안 통치했는데 그러면 오늘날 대한민국은 북한처럼 되어 있어야 합니다. 그런데 어떻게 이렇게 역동적인 민주주의를 만들었죠? 제왕적 권력이 세계 최고 수준의 민주주의를 만들었다? 이것이 논리 모순이 아닙니까? 그러니까 청와대가 제왕적 권력의 상징이라고 욕하는 것은 허무맹랑한 거짓 선동입니다.

노태우 대통령 때 본관을 신축했습니다. 본관 신축할 때 본관 뒤쪽 바위에 '천하제일복지(天下第一福地)'라는 조선조의 것으로 보이는 글씨가 발견되었습니다. 여기서 福자는 복스러울 복자입니다. 천하제일복지가 청와대라는 것입니다. 제왕적 권력의 상징이라기보다는 천하제일복지가 맞죠. 건축가들이 다 이야기합니다. "우리나라에서 가장 좋은 땅이다." 뒤에 북한산이 든든하게 버티고 있습니다. 오른쪽에 인왕산이 있습니다. 앞으로는 남산이 보이고, 왼쪽으로는 낙산이 있습니다. 적의 공습이나 미사일 공격으로부터 방어하기 딱 좋은 곳입니다. 그리고 남향이라는 게 중요합니다. 1392년 개국한 조선조가 정도전의 추천에 의해서 한양을 수도로 정하고 어느 쪽으로 도시를 발전시킬 것이냐 고심하다가 북에서 남으로 방향을 정했습니다. 북쪽 끝인 경복궁을 짓고 그 앞에 광화문, 그 앞에 남대문을 지었습니다. 한강을 건너 남쪽으로 발전하는 방향을 정했습니다. 북쪽에서 남쪽으로 뻗어나가는 그 시작점이 바로 청와대인 것입니다.

　남북통일할 때 대한민국 서울 중심으로 해야 합니다. 그것은 청와대 중심으로 한다는 것이죠. 대한민국 광화문에 민족사적 정통성을 상징하는 건물들이 모여 있습니다. 청와대, 정부종합청사, 경복궁, 사직단, 종묘, 조선조와 대한민국을 연결해주는 그 좋은 땅에 청와대가 있었으므로 대한민국이 발전한 것이 아닐까요? 진산(鎭山) 바로 밑에 청와대가 있었다는 점을 종합적으로 보면 청와대야말로 천하제일복지가 맞아요! 그걸 제왕적 권력의 상징이라고 하는 것은 거짓말이고 선동이고 대한민국의 현대사와 민족사를 부정하는 막말입니다.

02 역대 합참의장 11명의 전문가 의견

[동아일보] 역대 합참의장 11명, 靑이전 반대…"섣부른 이전은 안보 패착" 2022. 3. 20. 윤상호 군사전문기자

https://www.donga.com/news/Politics/article/all/20220320/112436097/1

"적이 정부와 군 지휘부 동시타격할 수 있는 가장 좋은 목표"
"국가지휘소·심장부의 섣부른 이전은 안보 패착"
역대 합참의장 11명, 靑 국방부 청사 이전 반대입장문 윤 당선인 측에 전달
일부 역대 국방장관들도 "안보 공백 우려" 취지 전달해

역대 합참의장을 지낸 11명의 예비역 고위 장성들이 청와대의 국방부 청사 이전을 반대하는 내용의 입장문을 윤석열 당선인 측에 공식 전달한 것으로 확인됐다.

이들 중 상당수는 윤 당선인을 지지해온데다 이명박·박근혜 정부에서 국방장관을 지낸 인사도 포함된 점에서 향후 청와대 이전 이슈가 보수진영내 '안보 논쟁'으로 비화될 조짐도 보이고 있다. 그럼에도 윤 당선인이 20일 기자회견에서 국방부 청사로의 이전 방침을 발표하자 일부 인사는 "불통의 결정인 만큼 백지화해야 한

다"고 반대 입장을 분명히 했다.

또 10명 안팎의 역대 국방장관을 지낸 인사들도 같은 취지의 입장을 윤 당선인 측에 전달한 것으로 알려졌다.

20일 동아일보 취재를 종합하면 역대 합참의장을 지낸 11명의 예비역 장성들은 '청와대 집무실 이전 안보공백이 우려된다'는 제목의 입장문을 19일 대통령 경호처장이 유력한 김용현 전 합참 작전본부장(예비역 중장)과 윤 당선인 인수위 측에 전달했다.

여기에 참여한 역대 합참의장은 김종환(15대)·최세창·이필섭·조영길·이남신·김종환(31대)·이상희·한민구·정승조·최윤희·이순진 등 총 11명이다. 이들 가운데 4명(최세창·조영길·이상희·한민구)은 국방장관도 지낸 인물들이다. 조영길·이상희·한민구 전 합참의장은 각각 노무현·이명박·박근혜 정부에서 국방장관을 역임했다. 이순진 전 합참의장은 차기 정부의 국방장관의 유력한 후보로도 거론된다.

이들은 입장문에서 "청와대 집무실의 국방부 청사 이전은 국방부·합참의 연쇄이동을 초래해 정권이양기의 안보공백을 초래할 수 있다"며 "특히 북한이 잇따라 미사일을 발사하고 핵실험 준비

동향을 보이는 등 안보 취약기 군의 신속한 대응에 대혼란이 우려된다"고 비판했다. 이어 "청와대 집무실로 국방부 청사를 사용할 경우 적에게 우리 정부와 군 지휘부를 동시에 타격할 수 있는 가장 좋은 목표가 된다"고 지적했다.

또한 "대통령 집무실은 국가지휘부의 상징이며 국가안보의 최후 보루로서 이전은 국가의 중대사인만큼 속전속결로 밀어붙여선 안된다"며 "대통령은 헌법과 법률이 정하는 바에 의해 국군을 통수한다고 헌법과 법률에 명시된 만큼 이전 과정에서 군심과 민심이 흔들리지 않을 혜안을 발휘해주길 바란다"고도 조언했다.

역대 합참의장들은 청와대 이전은 '제왕적 대통령제'의 폐해를 극복하겠다는 상징적 조치인 점에서 윤 당선인의 진심을 모르는 바가 아니라면서도 국방부로의 이전은 안보적 후유증과 부작용이 너무 심각할 것이라고 입을 모았다.

무엇보다 군 통수권자인 대통령과 국방장관·합참의장이 같은 구역 내 '공존'하는 것은 전략·전술적으로 위험천만한 발상이라는 것. 국방장관도 역임한 전직 합참의장 A씨는 이날 본보 통화에서 "대통령을 정점으로 한 전쟁지휘부가 한 구역내 위치할 경우 유사시 적은 가장 강력한 타격수단으로 가장 먼저 공격할 것"이라며

"이런 이유로 미국, 러시아 등 어느 나라도 군 통수권자와 지휘부를 한 구역에 두는 경우가 없다"고 지적했다.

개전 초기 고위력 재래식 무기뿐만 아니라 전술핵까지 개발 중인 북한의 '최우선 타깃'이 될 수 있다는 얘기다. 실제로 대통령 집무실이 들어설 국방부 신청사와 국방부 장관 등 국방부가 옮겨갈 합참 청사는 수십 미터 바로 옆 공간에 자리잡고 있다.

청와대 이전을 단순히 '집무실'을 옮기는 수준으로 착각한다는 비판도 나왔다. 김대중 정부에서 합참의장, 노무현 정부에서 초대 국방장관을 역임한 조영길 전 장관은 "국가지휘소이자 심장부인 청와대의 이전은 안보 국익관점에서 각계 전문가와 국민적 여론을 수렴해 국가 백년대계 차원에서 신중히 추진해야 한다"며 "(미국, 영국, 러시아의 국가지휘소인) 백악관과 버킹엄궁, 크렘린궁 등이 길게는 수백 년간 제 자리를 지키고 있는 이유를 곱씹어봐야 한다"고 말했다.

또 다른 전직 합참의장인 B씨는 "야전사령부 하나 옮기는데도 수년이 걸리는데 북한의 핵·미사일 도발 등 안보취약기에 청와대를 정치적 명분으로 한달여만에 옮긴다는 것은 어불성설"이라며 "일단 청와대로 들어간 뒤 충분한 숙의와 합의, 국민적 동의를 거쳐 추진해야 한다"고도 지적했다. 일부 인사들은 "5년 임기 대통령이 섣불리 추진할 사안이 아니다"라고 일침을 놓기도 했다.

역대 합참의장들은 청와대의 국방부 청사 이전시 당장 국방전산망과 전시통신망, 한미 핫라인 등 주요 통신망이 제 역할을 못하게 되고, 국방부와 타 부대들도 재배치될 경우 C41(지휘통신통제)시스템도 새로 구축해야 한다는 점도 지적했다. 뿐만 아니라 현 청와대에 구축된 지휘통신체계를 비롯해 경호 및 보안 무기·장비시스템과 관련 부대 등도 다 옮겨와 배치하는 과정에서 많은 비용과 혼란이 초래될 수 있다는 것이다.

윤 당선인이 기자회견에서 밝힌 합참의 남태령 수도방위사령부 이전 결정에 대해서도 역대 합참의장들은 "수방사에 합참 인력을 수용할 공간이 태부족할 뿐만 아니라 현 합참 청사에 구축된 지휘통제체계와 대북 방호시스템을 보강하거나 새로 구축하려면 많은 기간과 예산이 소요될 수 밖에 없다"고 했다.

전직 합참의장 D씨는 "새 정권 출범 초기 북한의 기습도발 등 '안보리스크'가 클 것인데 그에 대응할 전쟁지도부를 새로 구축하는 건 단순히 이삿짐을 나르는 차원이 아니다"라며 "심리적 동요와 유사시 대응의 지체 가능성 등도 고려해야 한다"고 비판했다.

김종환 전 합참의장은 이날 동아일보와의 통화에서 "(청와대의 국방부 신청사 이전은) 윤 당선인이 강조하는 공정과 상식, 소통에 반하고 준비되지 않은 불통의 결정"이라며 "(윤 당선인에게) 제대로 간언하는 충신이 안 보인다"고 말했다. 이어 "상당기간 대통령실과 국방부, 합참의 불편한 동거와 연쇄 부대 이전으로 상시 대비태세 유지가 힘들 것이고 적지 않은 난관에 부딪힐 것"이라면서 백지화해야 한다고 주장했다. 이에 대해 윤석열 당선인의 대통령직 인수위 관계자는 "입장문에 참여한 일부 전직 합참의장들과 통화한 결과 연쇄이동에 따른 안보공백에 대한 우려였을뿐 (청와대) 이전 자체에 대한 반대는 아닌 걸로 확인했다"고 말했다.

[입장문] 청와대 집무실 국방부 이전, 안보공백이 우려된다!

윤석열 대통령 당선인이 취임 후
청와대를 국민에게 돌려주겠다는 것은
제왕적 대통령제의 폐해를 극복하겠다는 상징적 조치로
윤석열 대통령 당선인의 진심을 모르는 바 아닙니다.

하지만 청와대 집무실로 국방부 청사가 유력하게 검토되면서
안보공백 우려 또한 커지고 있는 것이 사실입니다.

윤석열 대통령 당선인께서는
지난 18일 인수위 첫 전체회의에서 "새 정부 국정과제를 수립하는 데 있어서 국가의 안보와 국민의 민생에 한 치의 빈틈도 없어야 한다"고 했습니다.

그럼에도 청와대 집무실의 국방부 청사 이전은
국방부와 합참의 연쇄 이동을 초래해
정권 이양기의 안보 공백을 야기할 수 있습니다.

특히 정권 이양기에 맞춰
북한이 잇따라 미사일을 발사하고 핵실험 준비 동향을 보이는 등
안보 취약기 군의 신속한 대응에 대혼란이 우려됩니다.

당장 국방 전산망, 전시 통신망, 한미 핫라인 등 주요 통신망은 제 역할을 못하게 되고 국방부와 다른 부대들 역시 재배치 될 경우
지휘, 통제, 통신, 컴퓨터, 정보 통합을 일컫는 C4I 체계를 새로 구축해야 합니다.

또한 청와대 집무실로 국방부 청사를 사용한다면
적에게 우리 정부와 군 지휘부를 동시에 타격할 수 있는 가장 좋은 목표가 됩니다.

대통령 집무실은 국가지휘부이자 상징이며
국가안보와 관련된 최후의 보루로서 그 이전은 국가의 중대사입니다.
짧은 시간 내 속전속결로 밀어붙여서는 안 됩니다.
청와대의 국방부 이전으로 군심과 민심이 흔들려서도 안 될 것입니다.

대한민국 헌법 제74조 1항 '대통령은 헌법과 법률이 정하는 바에 의하여 국군을 통수한다'고 명시하는 만큼 청와대 집무실 이전 과정에서 군심과 민심이 흔들리지 않을 혜안을 발휘해 주시기 바랍니다.

2022. 3. 19.

역대합참의장 일동

예) 대장 김종환(15대), 최세창, 이필섭, 조영길, 이남신, 김종환(31대), 이상희, 한민구, 정승조, 최윤희, 이순진

03 김종대 연세대 통일연구원 객원교수

[한겨레] '용산 시대' 말하는 권력의 자아도취 2022. 3. 20.
https://www.hani.co.kr/arti/opinion/column/1035507.html

…이 문제의 본질은 이사 비용이 문제가 아니라 국가 위기관리의 컨트롤 타워가 제대로 기능을 할 수 있느냐다. 청와대가 수십 년간 구축해온 국가 위기관리, 경호 상황관리 체계가 한 달 만에 용산에서 제 기능을 발휘할 순 없다. 아마도 윤석열 대통령은 안보와 경제에서 혼란이 예상되는 집권 초, 가장 무능하고 불안한 대통령이 될 것이다. 국방부와 합동참모본부가 뒤섞이고, 순수 군사 시설인 합참의 지휘통제실과 지하 벙커를 대통령이 사용한다면 그 기능이 온전히 발휘되겠는가. 대대장의 지휘 시설에 사단장이 들어와 앉으면 지휘가 엉망이 되는 것과 같은 이치다. 우리 군 지휘부의 고유 공간을 대통령이 침해하면 위기관리의 전문성과 자율성이 상당 부분 침해될 것이다. 이런 문제는 회피하면서 "저렴한 이사 비용"을 강조하는 윤 당선자는 아직 대통령이 무슨 일을 하는 자린지 모르는 것 같다.

시민에게 개방된 대통령실 바로 옆 건물에 절대로 개방될 수 없는 국방부와 합참이 계속 함께 자리 잡을 수는 없다. 당장 1년 내에 국방부, 합참, 근무지원단, 합동전투모의센터, 시설본부, 국방홍보원, 심리전단, 사이버사령부 등이 새로 입주할 건물을 짓거나 찾아야 한다. 특수한 방호 및 보안 시설과 정보시스템을 갖춘 새 시설 건립에 국방부는 5천억원 이상의 비용이 소요된다고 대통령직인수위원회에 보고했다. 그런데 윤 당선자는 이를 외면하며 몇 번이고 "이사비용 496억원"만 강조했다. 국방 관련 기관 이전은 까다로운 국회 심의를 통과해야 하며, 특수정보를 제공하는 미국의 동의 없이는 동맹국의 연합지휘통제 시스템을 이전할 수도 없다. 아마도 미군은 상당한 비용을 요구할 것이다….

국민은
청와대 이전을
반대한다!

인 쇄　2022년 4월 26일
발 행　2022년 4월 28일

저 자　전민정
발행인　전민정
발행처　도서출판 오색필통

주 소　서울시 중구 필동로 42-1 2층 (필동2가, 상원빌딩)
전 화　02-2264-3334
이메일　areumy1@naver.com
인 쇄　도서출판 오색필통

ISBN 979-11-973843-4-9

값 15,000원